Markus Stubbig

Der OpenWrt-Praktiker, Band 3

Markus Stubbig

Der OpenWrt-Praktiker

Band 3: Anwendungsfälle

Bibliografische Information der Deutschen Nationalbibliothek
Die Deutsche Nationalbibliothek verzeichnet diese Publikation in der Deutschen Nationalbibliografie; detaillierte bibliografische Daten sind im Internet über http://dnb.dnb.de abrufbar.

Herstellung und Verlag: BoD – Books on Demand, Norderstedt

1. Auflage 2020
ISBN: 978-3-7526-6877-3

Inhaltsverzeichnis

Einleitung **9**
Labornetz 10
Version 10

1 Mesh-WLAN **13**
Grundlagen 13
Labor 14
Voraussetzung 15
Routingprotokoll 16
Einrichtung 20
Ausfallschutz 32
Zusammenfassung 33

2 Dynamisches Routing **35**
OSPF 35
Konzept 36
Aufbau 37
Vorbereitung 39
Einrichtung 39
Nachbarschaften 41
Bandbreite 42
Einfluss 45
Sicherheit 46
Timer Tuning 47
Lastverteilung 48
Skalierung 50

OSPFv3 52
Fehlersuche 56
Technischer Hintergrund 59
Zusammenfassung 60

3 Hochverfügbarkeit **61**
Grundlagen 61
Labor 62
Vorbereitung 63
Einrichtung 64
Funktionstest 66
Firewall und NAT 68
Best Practice 74
Lastverteilung 77
Sicherheit 79
IP Version 6 80
Ausblick 81
Technischer Hintergrund 83
Zusammenfassung 83

4 OpenWISP **85**
Installation 85
Einrichtung 87
Templates 89
Eigene Vorlagen 92
Einschränkungen 94
Administration 94
Fehlersuche 95
Benutzerverwaltung 97
Technischer Hintergrund 99
Ausblick 101
Zusammenfassung 103

5 Werbung blockieren **105**
Aufbau 105
Varianten 107
Adblock 107

Simple AdBlock 109
AdGuard Home 110
Nutzung 111
Updates 113
Ausnahmen 113
Leistung 115
Ausblick 115
Technischer Hintergrund 116
Zusammenfassung 117

6 Multi-WAN **119**
Anforderung 120
Lastverteilung im WAN 121
Laborumgebung 122
Arbeitsweise 123
Installation 124
Einrichtung 124
Szenario 131
Monitoring 133
Gesundheits-Check 134
IPv6 136
Kommandozeile 137
Fehlersuche 138
Technischer Hintergrund 140
Zusammenfassung 141

Literaturverzeichnis **143**

Stichwortverzeichnis **145**

A Zusatzmaterial **151**

Einleitung

OpenWrt ist eine Linux-Distribution für Netzwerkgeräte, wie Router, Accesspoints und Switches. Für die Konfiguration bietet OpenWrt eine Weboberfläche und eine Kommandozeile. Der Fokus liegt auf WiFi, Firewall und Routing. OpenWrt läuft auf einer Vielzahl an Hardware-Architekturen oder als virtuelle Maschine.
Jeder Hersteller stattet seine Netzkomponenten mit einem eigenen Betriebssystem aus. OpenWrt verkauft selber keine Hardware, sondern portiert seine Linux-Distribution auf möglichst viele Geräte. OpenWrt ersetzt auf *anderen* Routern das Betriebssystem und macht die Hardware funktionsreicher und teilweise leistungsstärker.

Der erste Band der Buchreihe *Der OpenWrt-Praktiker* vermittelt einen Einstieg in OpenWrt und deckt die Grundlagen ab. Die Kapitel sind eine Bedienungsanleitung, die OpenWrt installieren, Netzschnittstellen einrichten und IP-Adressen vergeben. Nach der ersten Einrichtung behandelt Band 1 auch die Kommandozeile UCI, die Paketverwaltung und die Systemadministration mit Überwachung eines OpenWrt-Geräts.
Der erste Band richtet sich an Leser, die mit OpenWrt keine Erfahrung haben und ins Thema einsteigen wollen. Wer bereits einen OpenWrt-Router im Einsatz hat, kann mit dem zweiten oder dritten Band starten.

Der zweite Band zeigt, welche Möglichkeiten OpenWrt bietet, wie die Software intern arbeitet und welche Dienste aus der Cloud eine mögliche Ergänzung sind. Die Themen sind für Anwender mit Vorkenntnissen konzipiert. Sie vermitteln dem Leser fortgeschrittene Inhalte, Tipps für die Fehlersuche und ein großes Kapitel zur Firewall mit Adressumsetzung.

Übersicht

Band 3 zeigt sechs Anwendungsfälle aus der Praxis. In Kapitel 1 bauen mehrere WiFi-Geräte ein drahtloses Mesh-Netz auf und erweitern damit die Ausleuchtung bestehender Funknetze. Wenn viele OpenWrt-Router im Netz zusammenarbeiten sollen, zeigt Kapitel 2, wie sich die Geräte kennenlernen und dynamisch ihre Routen austauschen. Kapitel 3 widmet sich der Verfügbarkeit und demonstriert, wie zwei Router gemeinsam ein Cluster formen und im Fehlerfall den Betrieb aufrechterhalten können.
In großen Netzen mit vielen Routern sind Konfigurationsänderungen mühsam. Kapitel 4 präsentiert eine kostenfreie Software zur Automatisierung und Verwaltung von OpenWrt-Geräten. In Kapitel 5 wird OpenWrt zum Werbeblocker, der für alle Endgeräte im Netz die Werbung aus Webseiten ausfiltert. Zuletzt bedient OpenWrt in Kapitel 6 mehrere Internet-Zugänge und balanciert darüber die Datenströme seiner Clients.

Labornetz

Die Anwendungsfälle in den folgenden Kapiteln benutzen ein beispielhaftes Netzwerk, welches aus vier OpenWrt-Routern besteht. Das Labornetz ist als Netzdiagramm in Abbildung 1 dargestellt und ist identisch mit dem Diagramm in den ersten beiden Bänden. Es stellt ein kleines Netzwerk mit mehreren Standorten dar. In den Kapiteln werden meist nur Teile dieses Netzwerks zur Untersuchung benutzt. Tabelle 1 auf Seite 12 enthält die IP-Adressen der Router und mit welchen Netzsegmenten sie verbunden sind.

Version

Die Entwicklung von OpenWrt bleibt nicht stehen. Nicht immer kann die Dokumentation mithalten; aus diesem Grund verwenden die Bände der Buchreihe *Der OpenWrt-Praktiker* nicht die gleiche Version, sondern arbeiten stets mit den aktuellen Versionen von OpenWrt. Als Folge können die Screenshots und Kommandoausgaben zwischen den Bänden und den eigenen Experimenten unterschiedlich ausfallen.

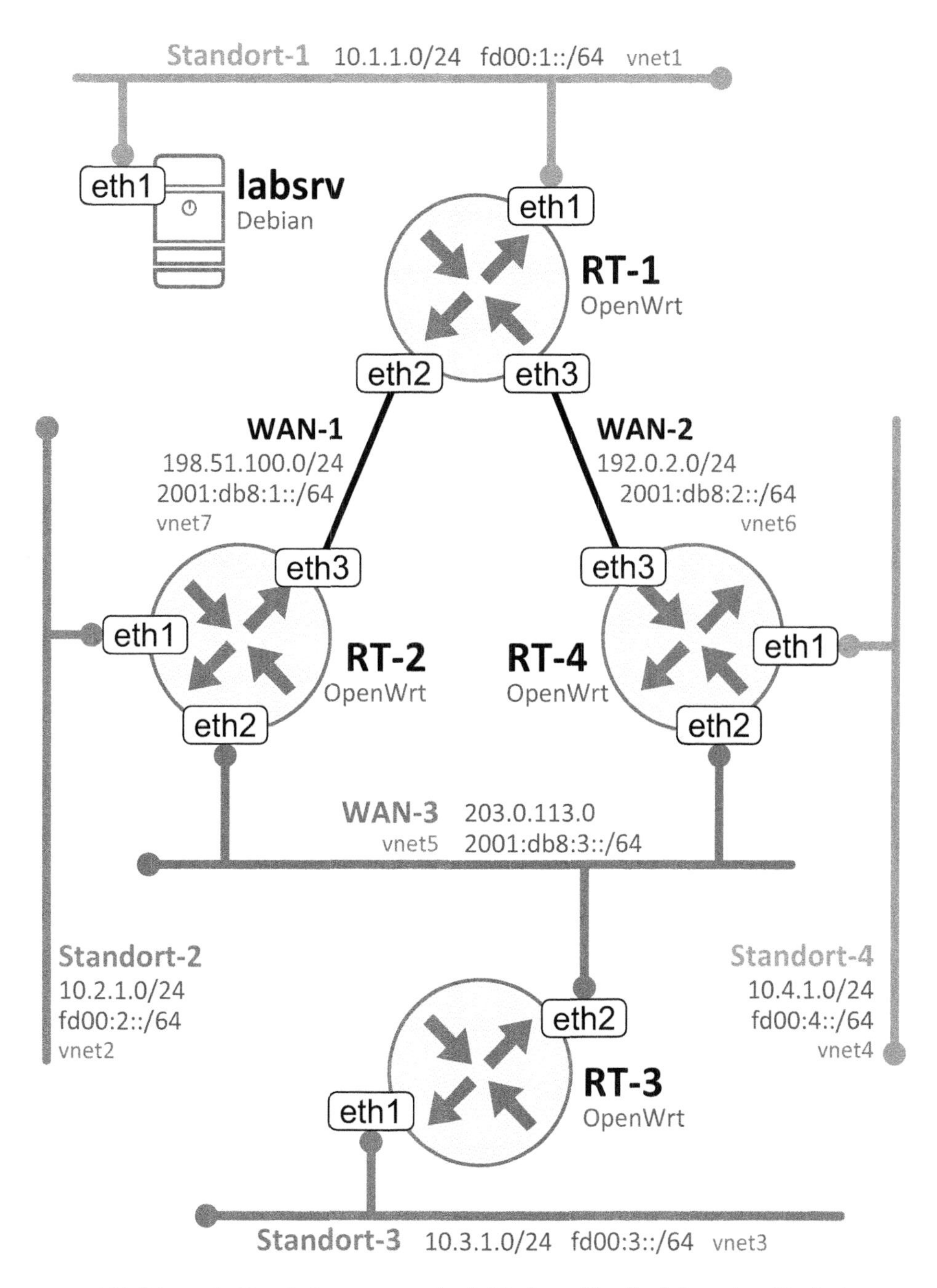

Abbildung 1: Das Labornetzwerk als Vorlage für die folgenden Kapitel

Gerät	Interface	Funktion/Netz	IPv4	IPv6
RT-1	eth0	Management	10.5.1.1	fd00:5::1
	eth1	Standort-1	10.1.1.1	fd00:1::1
	eth2	WAN-1	198.51.100.1	2001:db8:1::1
	eth3	WAN-2	192.0.2.1	2001:db8:2::1
RT-2	eth0	Management	10.5.1.2	fd00:5::2
	eth1	Standort-2	10.2.1.2	fd00:2::2
	eth2	WAN-3	203.0.113.2	2001:db8:3::2
	eth3	WAN-1	198.51.100.2	2001:db8:1::2
RT-3	eth0	Management	10.5.1.3	fd00:5::3
	eth1	Standort-3	10.3.1.3	fd00:3::3
	eth2	WAN-3	203.0.113.3	2001:db8:3::3
RT-4	eth0	Management	10.5.1.4	fd00:5::4
	eth1	Standort-4	10.4.1.4	fd00:4::4
	eth2	WAN-3	203.0.113.4	2001:db8:3::4
	eth3	WAN-2	192.0.2.4	2001:db8:2::4
labsrv	eth0	Management	10.5.1.7	fd00:5::7
	eth1	Standort-1	10.1.1.7	fd00:1::7

Tabelle 1: Alle Geräte mit Netzadaptern, Funktion und IP-Adressen

Kapitel 1

Mesh-WLAN

In einem WiFi-Mesh-Netzwerk besteht das Kernnetz aus Funkverbindungen. Drahtlose WiFi-Router verbinden sich dynamisch miteinander und leiten die Pakete ihrer Teilnehmer zielgerichtet vom Sender zum Empfänger.
Der klare Vorteil zur „klassischen“ Vernetzung liegt darin, dass das Mesh-Netz ohne LAN-Kabel auskommt. Damit kann das Mesh-Netz auch Lokationen erreichen, die per Kabel nur schwer zugänglich sind oder ein verlegtes Kabel mit hohen Kosten verbunden ist.
Seit 2012 regelt der Standard IEEE 802.11s das Miteinander in Mesh-Netzen und bringt damit die Geräte verschiedener Hersteller unter einen Hut. Zusätzlich dazu definiert der Standard ein Routingprotokoll, welches die Pfadentscheidungen der Mesh-Teilnehmer festlegt.
Dieses Kapitel baut ein kleines Mesh-Netz mit vier Teilnehmern auf. Nach der ersten Einrichtung vernetzen sich die WiFi-Router und erreichen über verschiedene Routingprotokolle ihre Endgeräte.

Grundlagen

Die drahtlosen Kernkomponenten eines Mesh-Netzes sind *Mesh-Points* (MP). Sie leiten Datenpakete von anderen Mesh-Points weiter und bilden so die Infrastruktur des Netzes. Den Zugang zum Mesh-Netz bildet ein Mesh-Accesspoint (MAP), der zusätzlich die Funktion des Accesspoints hat und damit für reguläre WiFi-Clients sichtbar ist. Die Clients verbinden sich mit dem Accesspoint und betreten damit (unbewusst) das Mesh-Netz.

Wenn ein Mesh-Point Zugang zu einem *anderen* Netz hat, wird er zum *Mesh Portal Point* (MPP) und agiert als Gateway zwischen den beiden Netzen. Abbildung 1.1 zeigt die verschiedenen Rollen und das geplante Mesh-Netz.

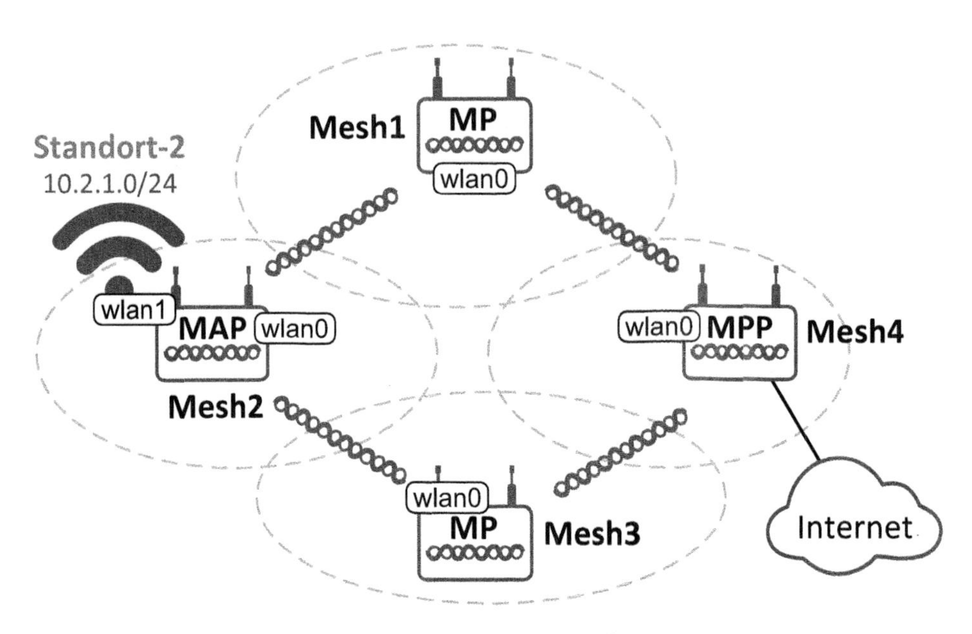

Abbildung 1.1: Die OpenWrt-Geräte bilden ein Mesh-Netz

Ein Mesh-Point kann ein OpenWrt-Router mit WiFi-Schnittstelle sein, aber auch ein Laptop mit mesh-fähigem WiFi-Adapter und der passenden Software.

Labor

Das verwendete Labor-Mesh-Netz aus Abbildung 1.1 verwendet vier Mesh-Points, von denen einer gleichzeitig als Mesh-Portal-Point den Zugang zum Internet darstellt und ein weiterer als Accesspoint arbeitet. Der Mesh-Accesspoint in Abbildung 1.1 hat zwei WiFi-Adapter und kann damit unterbrechungsfrei das Mesh und die WiFi-Clients aus Standort-2 bedienen. Der Mesh-Portal-Point hat einen Uplink ins Internet und stellt den Übergabepunkt dar.

Die Mesh-Router sind so platziert, dass sich alle Geräte per Funk direkt erreichen können, mit Ausnahme von Mesh2 und Mesh4. Die grauen Ovale um die einzelnen Geräte zeigen die gewollte Überlappung. Damit entstehen zwei mögliche Pfade von einem drahtlosen Client in Standort-2 zum Internet: via Mesh2, Mesh1 zu Mesh4 oder via Mesh2, Mesh3 zu Mesh4. Es wird Aufgabe des Routingprotokolls sein, den besten Pfad zu finden und zu verwenden.

Voraussetzung

Das 802.11s-fähige Mesh-Netz benötigt kompatible Mesh-Points. Das gilt für die verwendete WiFi-Hardware und für die Einstellungen von Mesh-ID und Kanal.

- *WiFi-Adapter.* Die verbaute WiFi-Schnittstelle und der verwendete Treiber müssen die Fähigkeit zum „meshen“ haben. Unter OpenWrt zeigt das `iw`-Kommando, ob der Netzadapter bereit für das Mesh ist:

```
root@mesh2:~# iw list
Wiphy phy0
[...]
        Supported interface modes:
                 * IBSS
                 * managed
                 * AP
                 * AP/VLAN
                 * monitor
                 * mesh point
                 * P2P-client
                 * P2P-GO
                 * outside context of a BSS
[...]
```

- *Mesh-ID.* Die Mesh-ID ist die Kennung des Mesh-Netzwerks. Alle beteiligten Mesh-Points müssen dieselbe Mesh-ID verwenden. Damit hat die Mesh-ID die gleiche Funktion wie die SSID eines WiFi-Accesspoints.

- *Kanal.* Alle Mesh-Points müssen denselben Funkkanal belegen.

- *Routingprotokoll.* Obwohl der 802.11s-Standard ein Routingprotokoll mitbringt, gibt es mehrere gute Alternativen. Der Betreiber des Mesh-Netzes legt fest, welches Protokoll die Mesh-Points verwenden.

- *Verschlüsselung.* Die Verschlüsselung in Mesh-Netzen ist optional, muss aber einheitlich erfolgen. Es gelten dieselben Regeln wie bei der Mesh-ID und der Kanalwahl: Alle MPs verwenden dieselben Einstellungen.

Routingprotokoll

Das Routingprotokoll im Mesh-Netz hat die gleichen Aufgaben wie im kabelgebundenen Netz: Die Mesh-Points lernen sich gegenseitig kennen und erfahren von ihren verbundenen Clients. Damit kann jeder Mesh-Point die transportierten Pakete zielgerichtet weiterleiten und muss sie nicht ins Netz fluten.
In drahtlosen Netzen steht das Routingprotokoll vor weiteren Herausforderungen, dass sich das Netzwerk dynamisch verändert, die Verbindungen häufig asymmetrisch sind und ein unzuverlässiges Transportmedium benutzen. Für die Pfadentscheidung in Funknetzen kann das Routingprotokoll zusätzlich die Verbindungsqualität bewerten und damit Nachbarn mit guter Signalstärke bevorzugen.
Routingprotokolle arbeiten proaktiv, reaktiv oder beherrschen beide Formen. Bei der proaktiven Arbeitsweise baut der Router eine vollständige Routingtabelle und hat damit alle Informationen, bevor er sie tatsächlich braucht. Im reaktiven Modus informiert sich der Router nur bei Bedarf über den benötigten Pfad.
Beide Ansätze haben ihre Vorteile: Im proaktiven Modus müssen die IP-Pakete nicht „warten", bis die Mesh-Points den Weg erfragt haben. Im reaktiven Modus spart der Mesh-Point Bandbreite und Leistung.
Tabelle 1.1 auf der nächsten Seite vergleicht Routingprotokolle, die im Verlauf dieses Kapitels näher untersucht werden. Zusätzlich dazu unterstützt OpenWrt die Protokolle *Babel*, *cjdns* und *OSPF* (vgl. Kap. 2).

Eingenschaft	HWMP	OLSR	B.A.T.M.A.N.	Batman-adv
OSI-Ebene	2	3	3	2
proaktiv	☑	☑	☑	☑
reaktiv	☑	☐	☐	☐
UCI	☐	☑	☑	☑
LuCI	☐	☑	☐	☐
Metrik	Linkqualität	Hop count	Paketverlust	IV: Linkqualität V: Datenrate
Standard	802.11s	RFC 3626	Draft-RFC	—

Tabelle 1.1: Vergleich der bekannten Routingprotokolle für Mesh-Netze

HWMP

Das *Hybrid Wireless Mesh Protocol* (HWMP) ist das „eingebaute" Routingprotokoll. Ohne weitere Konfiguration verwenden die Mesh-Points HWMP und finden damit den richtigen Pfad durch das Netz. Der Vorteil vom HWMP liegt darin, dass jeder 802.11s-kompatible Mesh-Router das Protokoll versteht, da es fester Bestandteil des IEEE-Standards ist.
Unter OpenWrt läuft HWMP direkt im Linux-Kernel und benötigt kein zusätzliches Softwarepaket. Feintuning am Protokoll erlaubt OpenWrt über das `iw`-Kommando.
HWMP eignet sich für kleine Mesh-Netze, oder wenn die eingesetzten Geräte keinen Platz für ein zusätzliches Routingprotokoll haben.

OLSR

Wenn HWMP im eigenen Mesh nicht ausreicht oder ungünstige Pfadentscheidungen trifft, kann das *Optimized Link State Routing*-Protokoll (OLSR) aushelfen. OLSR ist spezialisiert auf Funknetze und arbeitet proaktiv. In diesem Modus kennt jeder Mesh-Point das gesamte Netz und benötigt daher entsprechend viel Arbeitsspeicher für die Routingtabelle und CPU-Leistung für deren Berechnung.

OLSR ist eins der ersten Routingprotokolle für Mesh-Netze. Seit Version 1 aus dem Jahr 2003 hat das Protokoll an Stabilität gewonnen und verwendet in der neueren Version die Verbindungsqualität für Pfadentscheidungen.

OLSR ist nicht auf Mesh-Netze beschränkt und funktioniert auch in kabelgebundenen Ethernetsegmenten.
OpenWrt bietet Softwarepakete für beide OLSR-Versionen. Die Implementierung `olsrd` lässt sich per LuCI und UCI konfigurieren, ist vielseitig via Plug-ins erweiterbar und orientiert sich an OLSR-Version 1.

B.A.T.M.A.N.

Das Projekt *Better Approach To Mobile Adhoc Networking* (BATMAN) entstand aus den Nachteilen von OLSR und dem Wunsch nach einem effizienteren Routingprotokoll für Mesh-Netze.
Genau wie OLSR kommunizieren bei BATMAN die Mesh-Points miteinander und lernen sich kennen. Die erste Version von BATMAN arbeitet proaktiv auf Ebene 3 des OSI-Modells und lässt die Mesh-Points per IP-Paketen kommunizieren. Mit diesem Ansatz ergibt sich noch nicht die gewünschte Skalierbarkeit gegenüber OLSR.

Daraus entstand *BATMAN Advanced,* welches auf OSI-Ebene 2 arbeitet und die Datenpakete aller Teilnehmer durch das Mesh-Netz tunnelt. Durch die Verkapselung müssen die BATMAN-Router nicht mehr alle Endgeräte kennen, sondern nur noch die anderen BATMAN-Router. Als Folge schont BATMAN-Advanced den Prozessor und den Arbeitsspeicher, da der einzelne Mesh-Point nicht das gesamte Netz kennen muss. Auf OSI-Ebene 2 kann Batman-adv das Mesh-Netz den höheren Schichten als großen Ethernetswitch präsentieren. Damit ermöglicht Batman-adv ein Roaming der WiFi-Clients zwischen den Mesh-Accesspoints.

Abbildung 1.2 auf der nächsten Seite zeigt, wie die BATMAN-Router ein Datenpaket durch das Mesh-Netz tunneln. Sobald ein Paket das Mesh-Netz verlässt, entfernt der BATMAN-Router die zusätzlichen Kopfzeilen und sendet das Paket in seiner ursprünglichen Form weiter.

Bei der Pfadentscheidung scheinen die Entwickler mehrere Varianten auszuprobieren. BATMAN III (Spalte *B.A.T.M.A.N.* in Tabelle 1.1) entscheidet sich für einen benachbarten Mesh-Point, der die geringsten Paketverluste aufweist. Der daraus entstehende Pfad durch das Mesh kann asymmetrisch sein, da die Verlustrate zwischen zwei Mesh-Points in Sende- und Empfangsrich-

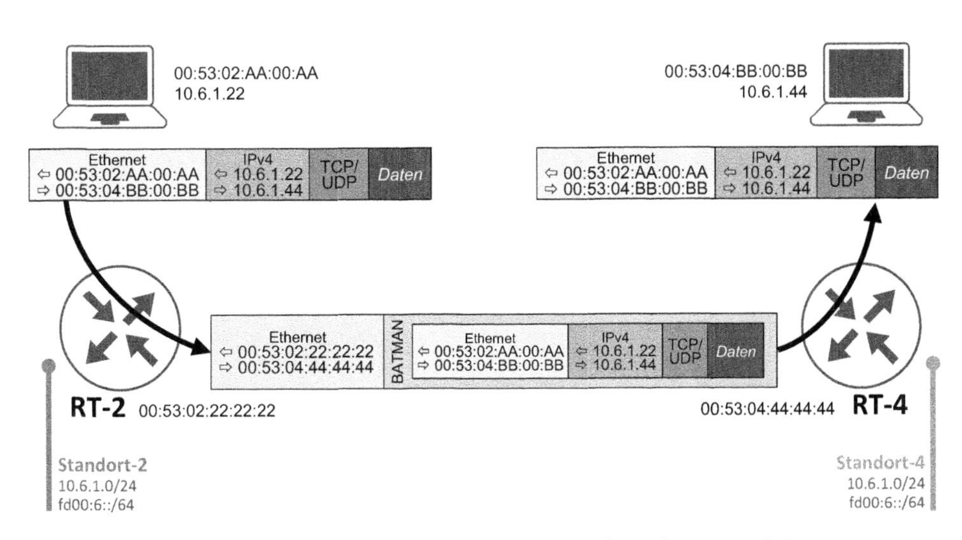

Abbildung 1.2: Im Mesh-Netz erhalten die Pakete den zusätzlichen BATMAN-Header

tung unterschiedlich ist. In BATMAN IV (Spalte *Batman-adv* in Tabelle 1.1) informieren sich die Mesh-Points gegenseitig über ihre Sendequalität und treffen die Routingentscheidung auf Basis der Sende- und Empfangsqualität. Die Implementierung in OpenWrt verwendet BATMAN IV.

In BATMAN V wählen die Mesh-Points ihren Pfad ausschließlich auf Basis des Datendurchsatzes. Damit versprechen sich die Entwickler eine größere Skalierbarkeit, da die Mesh-Points weniger Messpakete durch die Luft senden müssen.
Bei der Implementierung haben sich die Entwickler für ein Linux-Kernel-Modul entschieden. Die Routingentscheidung und Paketweiterleitung erfolgt somit direkt im Linux-Kernel, was die Verarbeitungsgeschwindigkeit positiv beeinflusst.

Einrichtung

Zuerst benötigen die OpenWrt-Router die passende Software für die Verschlüsselung zwischen den Mesh-Points. Wenn das Mesh unverschlüsselt kommunizieren soll, kann dieser Schritt übersprungen werden. Da die Einrichtung einer soliden Verschlüsselung in OpenWrt denkbar einfach ist, ist dieser Schritt empfehlenswert:

```
opkg remove wpad-basic
opkg install wpad-mesh-openssl
```

Die Einstellungen für das drahtlose Netz befinden sich in der Weboberfläche von OpenWrt unter *Netzwerk → WLAN*. Der Button *Hinzufügen* rechts neben dem WLAN-Adapter öffnet das Dialogfenster für ein neues WiFi-Netz. Die Mesh-Points erhalten die beispielhaften Einstellungen aus Tabelle 1.2. Die Werte im Bereich *Erweiterte Einstellungen* bleiben in der Grundeinstellung, welche das Routingprotokoll HWMP von Seite 17 verwenden.

Einstellung	**Wert**
Kanal	6
Maximale Sendeleistung	Treiber-Standardwert
Ländercode	DE - (Germany)
Modus	802.11s
Mesh-ID	wrt.mesh
Netzwerk	wlan0 *(erzeugen)*
Verschlüsselung	WPA3-SAE (hohe Sicherheit)
Schlüssel	OpenWrt-Praktiker

Tabelle 1.2: Grundeinstellungen für die Mesh-Points

Anschließend kommt das neue Interface *wlan0* unter *Netzwerk → Schnittstellen* an die Reihe. Für die Kommunikation der Mesh-Points untereinander erhalten die *wlan0*-Adapter eine Adresse aus dem IP-Bereich 10.2.1.0/24, den sich das Mesh und die Endgeräte teilen. Der gemeinsame IP-Bereich ist keine Voraussetzung, macht aber die Einrichtung einfacher, da es kein IP-Routing benötigt.
Abbildung 1.1 auf Seite 14 zeigt die Mesh-Router und deren Verbindungen untereinander. Die vollständige Konfiguration eines Mesh-Points im UCI-Format ist in Listing 1.1 auf der nächsten Seite abgedruckt.

```
uci set wireless.radio0=wifi-device
uci set wireless.radio0.type='mac80211'
uci set wireless.radio0.hwmode='11g'
uci set wireless.radio0.path='platform/qca953x_wmac'
uci set wireless.radio0.country='DE'
uci set wireless.radio0.htmode='HT20'
uci set wireless.radio0.channel='6'
uci set wireless.wifinet0=wifi-iface
uci set wireless.wifinet0.mesh_rssi_threshold='0'
uci set wireless.wifinet0.encryption='sae'
uci set wireless.wifinet0.key='OpenWrt-Praktiker'
uci set wireless.wifinet0.device='radio0'
uci set wireless.wifinet0.mode='mesh'
uci set wireless.wifinet0.mesh_fwding='1'
uci set wireless.wifinet0.mesh_id='wrt.mesh'
uci set network.wlan0=interface
uci set network.wlan0.proto='static'
uci set network.wlan0.ipaddr='10.2.1.11'
uci set network.wlan0.netmask='255.255.255.0'
uci set wireless.wifinet0.network='wlan0'
```

Listing 1.1: UCI-Konfiguration für Mesh-Point *Mesh1*

Nach abgeschlossener Einrichtung sollten sich die Mesh-Points gegenseitig unter *Netzwerk* → *WLAN* sehen. Die Ansicht von Mesh1 ist in Abbildung 1.3 auf der nächsten Seite dargestellt.

Der nächste Konfigurationsschritt ist die Accesspoint-Funktion von Mesh2. Darüber erhalten die drahtlosen Clients Zutritt zum Netzwerk. Listing 1.2 enthält eine Beispielkonfiguration für den Accesspoint. In Zeile 8 entsteht eine Netzbrücke zwischen dem WiFi des Accesspoints und dem Mesh-Netz.

```
1  uci set wireless.wifinet1=wifi-iface
2  uci set wireless.wifinet1.ssid='WLAN-42'
3  uci set wireless.wifinet1.encryption='psk2+ccmp'
4  uci set wireless.wifinet1.key='OpenWrt-Praktiker'
5  uci set wireless.wifinet1.device='radio0'
6  uci set wireless.wifinet1.mode='ap'
7  uci set wireless.wifinet1.network='wlan1'
8  uci set wireless.wifinet0.network='wlan1 wlan0'
```

Listing 1.2: Mesh-Point *Mesh2* ist gleichzeitig Accesspoint

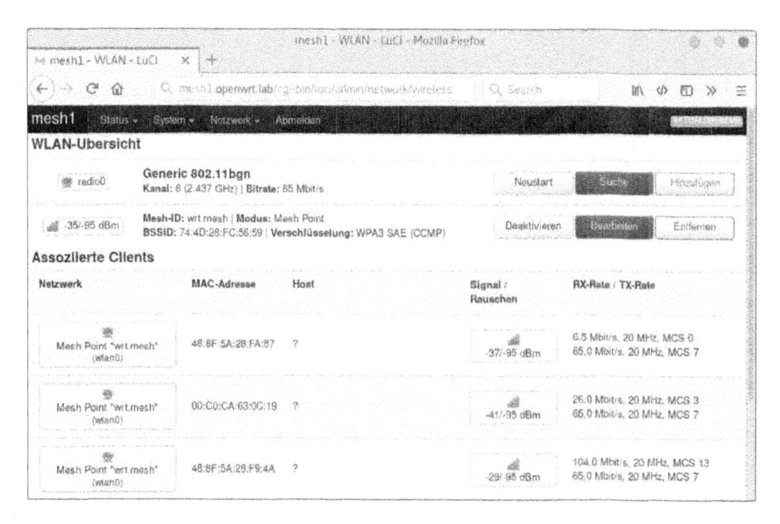

Abbildung 1.3: OpenWrt-Router Mesh1 sieht seine Nachbarn

Im letzten Arbeitsschritt wird OpenWrt-Router Mesh4 zum Mesh-Portal-Point. Dies kann durch eine Netzbrücke erfolgen oder durch einen gerouteten Übergang zu einem weiteren Netzwerk.

HWMP

In der Grundeinstellung verwendet OpenWrt das integrierte Routingprotokoll HWMP. In LuCI ist das Feld *Mesh-Nachbar-Traffic weiterleiten* standardmäßig ausgefüllt und im UCI hat Zeile 14 von Listing 1.1 das Protokoll aktiviert.
Zugriff auf die Routingtabellen von HWMP erfolgt über das `iw`-Kommando. Die Sicht von Mesh2 auf das Netzwerk enthüllt der folgende Befehl (Ausgabe gekürzt):

```
1  root@mesh2:~# iw dev wlan0 mpath dump
2  DEST ADDR         NEXT HOP          IFACE  SN   METRIC  QLEN  EXPTIM[...]
3  74:4d:28:fc:56:59 74:4d:28:fc:56:59 wlan0  246  513     0     0
4  48:8f:5a:28:fa:87 48:8f:5a:28:fa:87 wlan0  663  598     0     0
5  48:8f:5a:28:f9:4a 74:4d:28:fc:56:59 wlan0  54   1414    0     0
```

Im Laboraufbau kann Mesh2 nicht direkt Mesh4 (48:8f:5a:28:f9:4a) erreichen, also wendet sich HWMP in Zeile 5 an Mesh1 (74:4d:28:fc:56:59) für die Beförderung.

Welche Endgeräte durch das Mesh transportiert werden, liefert ebenfalls der `iw`-Befehl:

```
root@mesh4:~# iw dev wlan0 mpp dump
DEST ADDR         PROXY NODE        IFACE
20:10:7a:08:45:c9 00:c0:ca:63:0c:19 wlan0
```

Hier erkennt Mesh4, dass der Mesh-Accesspoint Mesh2 (00:c0:ca:63:0c:19) einem drahtlosen Teilnehmer Zutritt gewährt.

OLSR

Mehr Kontrolle und Feedback als HWMP bietet das alternative Routingprotokoll OLSR. Eine passende Software steht im Repository bereit und splittet sich in viele einzelne Pakete. Je nach gewünschtem Funktionsumfang muss nicht die komplette Programmbibliothek installiert werden. Die Beispiele in diesem Abschnitt beschränken sich dabei auf die Grundfunktionalität und verschiedene Plug-ins.

```
opkg install olsrd luci-app-olsr luci-i18n-olsr-de
```

Anschließend stehen in LuCI unter *Dienste* die Menüpunkte *OLSR IPv4* und *OLSR IPv6* bereit. Da OLSR auf OSI-Ebene 3 (vgl. Tabelle 1.1) arbeitet, unterteilt sich die Konfiguration nach IP-Version.
Die Voreinstellung des OLSR-Daemon macht Annahmen über das Mesh-Netz und stellt eine Standardkonfiguration bereit, in der lediglich die Netzadapter fehlen. Im Abschnitt *Schnittstellen* bei *Dienste* → *OLSR IPv4* lässt sich sogleich der *wlan0*-Adapter hinzufügen.

Für seine Rolle als geroutetes Interface benötigt der WiFi-Adapter eine IP-Adresse, die später als Absenderadresse für die OLSR-Pakete herhalten wird. Die Geräte im Labornetz bekommen eine IP-Adresse aus dem neuen IP-Bereich 10.6.1.0/24, um sich von den Szenarien in den folgenden Kapiteln zu unterscheiden.

Hinweis

In einem Mesh-Netz sollten nicht mehrere Routingprotokolle aktiv sein. Vor dem Einsatz von OLSR muss HWMP deaktiviert werden.

Die beschriebenen Einstellungen benötigen auf der Kommandozeile folgende UCI-Befehle:

```
uci set wireless.wifinet0.mesh_fwding=0
uci set network.wlan0.proto='static'
uci set network.wlan0.ipaddr='10.6.1.11'
uci set network.wlan0.netmask='255.255.255.0'
uci add olsrd Interface
uci set olsrd.@Interface[-1].ignore='0'
uci set olsrd.@Interface[-1].interface='wlan0'
uci set olsrd.@Interface[-1].Mode='mesh'
uci commit
service network restart
service olsrd restart
```

Der OLSR-Dienst `olsrd` startet und sendet seine Ankündigungen ins Netz. Sobald die anderen Mesh-Knoten konfiguriert sind, lernen sich die Geräte kennen und können Routinginformationen austauschen.

Welche IP-Bereiche die OLSR-Router verkünden, lässt sich per LuCI im Bereich *HNA-Ankündigungen* einstellen. Am Beispiel von Router Mesh2 informiert dieser seine Partner über sein angeschlossenes IP-Netz 10.2.1.0/24 am WiFi-Adapter (Abbildung 1.4). Die anderen Router lernen das angepriesene Netz kennen und tragen es in ihre lokale Routingtabelle ein.

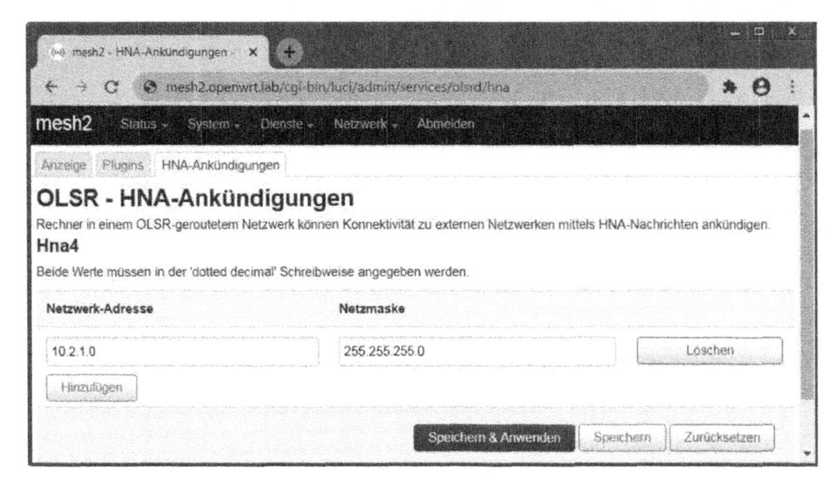

Abbildung 1.4: OLSR-Router Mesh2 kündigt ein IP-Netz an

Auf die gleiche Weise präsentiert Router Mesh4 den Uplink zum Internet als Default-Route:

```
uci add olsrd Hna4
uci set olsrd.@Hna4[-1].netmask='0.0.0.0'
uci set olsrd.@Hna4[-1].netaddr='0.0.0.0'
```

Alternativ lässt sich dazu auch das *dyn_gw*-Plug-in verwenden: Es erkennt automatisch, ob der Router eine Internetverbindung hat, und berichtet dies als OLSR-Route an seine Nachbarn.

Auskunft

Für das visuelle Feedback muss das Plug-in *olsrd_jsoninfo* im Bereich *OLSR - Plugins* aktiviert sein. Anschließend berichtet der OLSR-Daemon in LuCI unter *Status* → *OLSR* über Nachbarn, Routen, Topologie, Ankündigungen und Schnittstellen.
Die Liste der Nachbarn in Abbildung 1.5 bewertet die Verbindung zu jedem gesichteten Router. Die Spalten LQ und NLQ geben die Erfolgsquote vom/zum jeweiligen Nachbarn an. Ein Wert von 1.00 entspricht 100% und bescheinigt eine perfekte Verbindung. Die Anzeige in ETX zeigt die erwarteten Sendeversuche pro Paket. Je größer die Zahl, desto unwahrscheinlicher ist es, dass der Empfänger die Pakete fehlerfrei erhält. Ein weiterer Hinweis zur Verbindungsqualität ist die Spalte SNR, die den Signal-Rausch-Abstand misst. Zur leichteren Bewertung sind die Werte bei ETX und SNR farblich markiert.

Plug-ins

Die Implementierung von OLSR ist über Plug-ins erweiterbar. Die installierten Plug-ins lassen sich bei *Dienste* → *OLSR IPv4* einsehen, aktivieren und konfigurieren. Eine Softwaresuche nach *olsrd-mod* zeigt alle verfügbaren Plug-ins. Die folgende Übersicht beschreibt die gängigsten Plug-ins und ihre Verwendung.

dyn_gw Dieses Plug-in überprüft, ob der Router eine Internetverbindung hat und ob diese nutzbar ist. Falls ja, versendet der OLSR-Dienst eine Default-Route an seine Mesh-Partner.

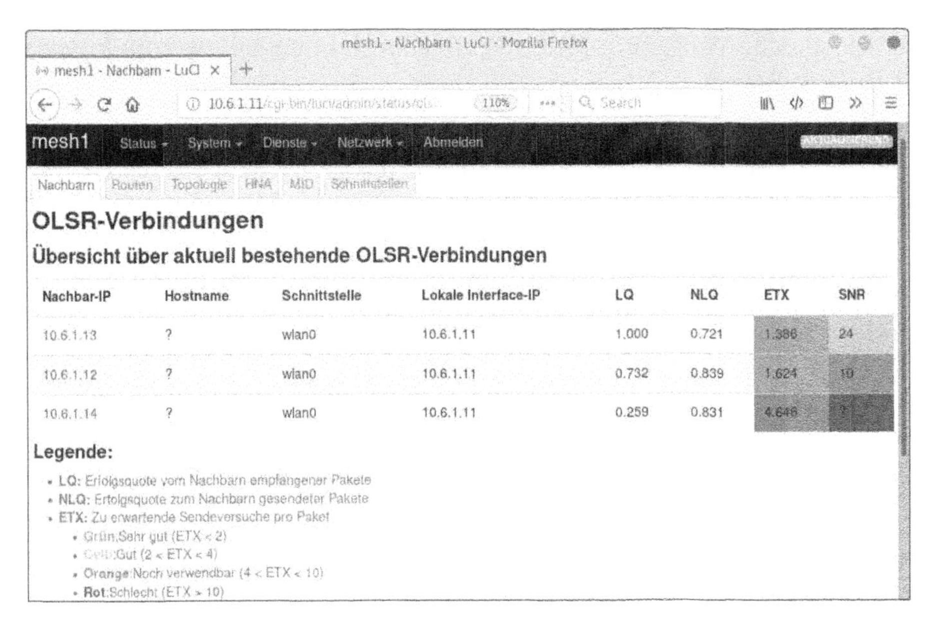

Abbildung 1.5: Der OLSR-Daemon berichtet über seine Nachbarn

httpinfo Der `olsrd`-Prozess bietet seine Statusinformation im HTTP-Format über TCP-Port 1978 an. OpenWrt zeigt dieselben Informationen im LuCI-Format unter *Status* → *OLSR*.

jsoninfo Der Router bietet seine Statusinformationen im JSON-Format via TCP-Port 9090 an. OpenWrt erwartet dieses Plug-in als Quelle für die Statusseite in LuCI.

txtinfo Als weitere Ausgabemöglichkeit liefert dieses Plug-in die Statusinformationen im Textformat über TCP-Port 2006.

nameservice Der Namensdienst kündigt die eigenen Dienste im Mesh-Verbund an. Hierbei handelt es sich nicht um die Namensauflösung per DNS, sondern um eine mesh-interne Bekanntgabe.

arprefresh Sobald der OLSR-Dienst die MAC-Adressen seiner Nachbarn gelernt hat, kopiert dieses Plug-in die Adressen in die lokale ARP-Tabelle.

dot_draw Dieses Plug-in stellt die Netztopologie im DOT-Format bereit. Die Information ist über TCP-Port 2004 erhältlich und lässt sich mit Graphviz [1] in ein schickes Netzdiagramm verwandeln.

watchdog Das Aufpasser-Plug-in überwacht den OLSR-Prozess und startet ihn im Fehlerfall neu.

Visualisierung Das Visualisierungs-Plug-in benötigt die folgenden Softwarepakete und stellt seine Ergebnisse als Graph unter *Status* → *OLSR* → *OLSR-Viz* bereit.

```
opkg install luci-app-olsr-viz luci-i18n-olsr-viz-de
```

Abbildung 1.6 zeigt die Visualisierung des Labornetzes. Die Zahlen auf den gepunkteten Verbindungslinien zwischen den Routern sind die ETX-Werte von Seite 25.

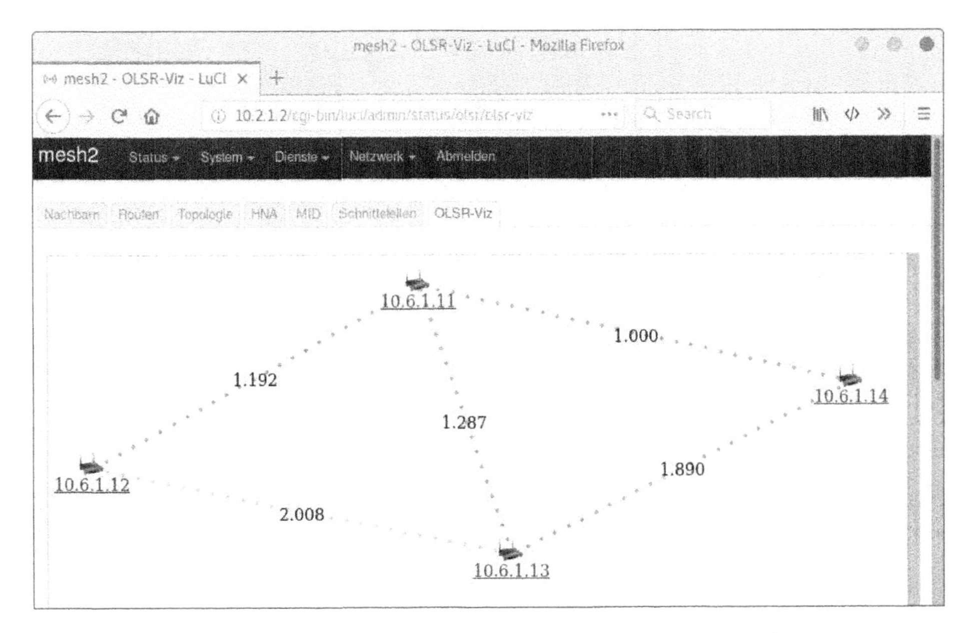

Abbildung 1.6: Das Visualisierungs-Plug-in erstellt ein Netzdiagramm

Batman-adv

Die Software zu Batman-adv besteht aus einem Kernelmodul und dem Steuerkommando `batctl`. Die Installation ist entsprechend kurz und besteht aus zwei Paketen und deren Abhängigkeiten. Eine neue Webseite in LuCI gibt es für Batman-adv nicht – die Einrichtung läuft vollständig auf der Kommandozeile ab.

```
opkg install kmod-batman-adv batctl-full
```

Batman-adv regelt den Zugang zum Mesh-Netz über einen weiteren Netzadapter. Diese virtuelle Schnittstelle steuert alle Pakete, die vom Mesh-Netz kommen und für das Mesh-Netz bestimmt sind. Ein Mesh-Point benötigt neben seinem *wlan0*-Adapter die Batman-adv-Schnittstelle *bat0*. Ein Mesh-Accesspoint verwendet zusätzlich eine Netzbrücke zwischen *bat0* und dem WiFi-Zugang *wlan1*. Abbildung 1.7 zeigt das interne Zusammenspiel der verschiedenen Schnittstellen.

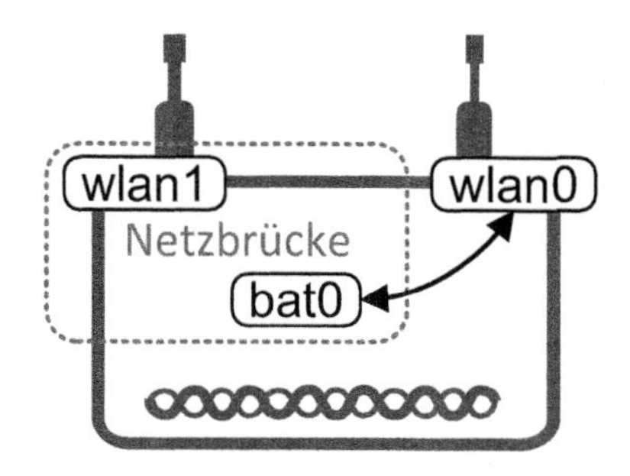

Abbildung 1.7: Das virtuelle *bat0*-Interface steuert das Mesh-Netz

```
1 uci add network interface
2 uci rename network.@interface[-1]=bat0
3 uci set network.bat0.proto=batadv
4 uci set network.bat0.routing_algo='BATMAN_IV'
```

Listing 1.3: Das Batman-adv Interface *bat0* entsteht

Die neue *bat0*-Schnittstelle entsteht per UCI in Listing 1.3. Jetzt braucht *bat0* noch einen physischen Netzadapter als Partner, für den Batman-adv die Routingentscheidungen treffen soll.

```
1 uci set network.wlan0.master='bat0'
2 uci set network.wlan0.proto='batadv_hardif'
3 uci set network.wlan0.mtu='1532'
4 uci commit
5 service network restart
```

Da Batman-adv jedem Paket einen zusätzlichen Header verpasst, wird die Paketlänge größer. Um ungünstiger Fragmentierung vorzubeugen, erhöht Zeile 3 die *Maximum Transmission Unit* (MTU) auf einen sicheren Wert von 1532 Byte.
Die letzten beiden Befehle geben den Startschuss. Anschließend sendet der *wlan0*-Adapter nur noch getunnelte Pakete ins Mesh-Netz. Die Konfiguration des Mesh-Points ist damit abgeschlossen.

Für den Mesh-Accesspoint fehlt noch die Brücke vom *bat0*-Interface zum WiFi-Adapter *wlan1* für die drahtlosen Clients:

```
uci set network.lan.ifname='bat0 wlan1'
```

Sobald die anderen Geräte ebenfalls ihre Konfiguration für Batman-adv erhalten haben, sollten sich die Mesh-Points gegenseitig sehen und erreichen können. Da Batman-adv auf OSI-Ebene 2 arbeitet, sind Layer-3-Befehle wie `ping` und `traceroute` für einen Verbindungstest wenig hilfreich. Hier unterstützt das `batctl`-Kommando, welches seine Informationen direkt vom Kernel erhält.

Auskunft

Am Beispiel von Mesh-Point Mesh1 liefert `batctl` die Liste seiner Nachbarn:

```
root@mesh1:~# batctl neighbors
[B.A.T.M.A.N. adv openwrt-2019.2-9, MainIF/MAC: \
  wlan0/74:4d:28:fc:56:59 (bat0/42:4f:0d:98:58:7f BATMAN_IV)]
IF             Neighbor              last-seen
        wlan0     48:8f:5a:28:f9:4a    0.410s
        wlan0     48:8f:5a:28:fa:87    0.730s
        wlan0     00:c0:ca:63:0c:19    0.980s
```

Mit den folgenden Befehlen gibt `batctl` hilfreiche Auskünfte aus seinen Tabellen:

claimtable Mit dieser Tabelle versucht Batman-adv Schleifen zu verhindern. Der Inhalt besteht aus Clients, die bereits Datenpakete durch das Mesh gesendet haben.

originators Hier listet Batman-adv, über welche Nachbarn die anderen Mesh-Points erreichbar sind. Die Liste entspricht einer Routingtabelle für Mesh-Points. Der beste Eintrag zu einem Ziel ist stets mit einem Sternchen gekennzeichnet.

translocal Sobald ein Client Datenpakete durch das Mesh-Netz sendet, merkt sich der eingehende Mesh-Point die MAC-Absenderadresse in seiner lokalen Translation-Tabelle (*translocal*). Diese Information teilt der Mesh-Point mit den anderen Batman-Routern, welche den neuen Datensatz in ihre globale Translation-Tabelle (*transglobal*) eintragen.

transglobal In dieser Tabelle führen die Mesh-Router die MAC-Adressen aller Clients, die das Mesh benutzen. Zu jeder Client-MAC-Adresse gehört stets der nächste Mesh-Router auf dem Weg zu diesem Client. Die *transglobal*-Tabelle ist damit das Pendant zu einer Routingtabelle.

Wegefindung

Für `ping` und `traceroute` ist das Mesh-Netz von Batman-adv transparent. Welchen Weg ein Paket durch das Netz nimmt, lässt sich erneut mit dem Befehl `batctl` nachstellen. Im folgenden Beispiel sendet ein Client aus dem WiFi-Netz von Mesh2 ein Paket durch das Netz in Richtung Internet. Die MAC-Adresse des Ziels lautet 00:0c:29:73:9f:0e.
Der Mesh-Accesspoint Mesh2 befragt seine *transglobal*-Tabelle und erfährt, dass die MAC-Adresse hinter dem Mesh-Portal-Point 48:8f:5a:28:f9:4a liegt, welches der OpenWrt-Router Mesh4 im Demo-Netz von Seite 14 ist.

```
root@mesh2:~# batctl transglobal | grep 00:0c:29:73:9f:0e
 * 00:0c:29:73:9f:0e   -1 [...] ( 11) 48:8f:5a:28:f9:4a  ( 13)
```

Im nächsten Schritt informiert sich Mesh2, *wie* er sein Zwischenziel Mesh4 erreichen kann. Anhand der *originators*-Tabelle wird Mesh2 das Paket an seinen Nachbarn 48:8f:5a:28:fa:87 (Mesh3) senden:

```
root@mesh2:~# batctl originators | grep 48:8f:5a:28:f9:4a
   48:8f:5a:28:fa:87    0.090s   ( 15) 48:8f:5a:28:f9:4a  [wlan0]
 * 48:8f:5a:28:f9:4a    0.720s   (183) 48:8f:5a:28:fa:87  [wlan0]
   48:8f:5a:28:f9:4a    0.720s   ( 19) 48:8f:5a:28:f9:4a  [wlan0]
```

Danach verpackt Mesh2 das Paket in einen Batman-Header und schickt es auf die Reise ins Mesh-Netz. Abbildung 1.8 zeigt das versandte Paket am *wlan0*-Interface von Mesh2.

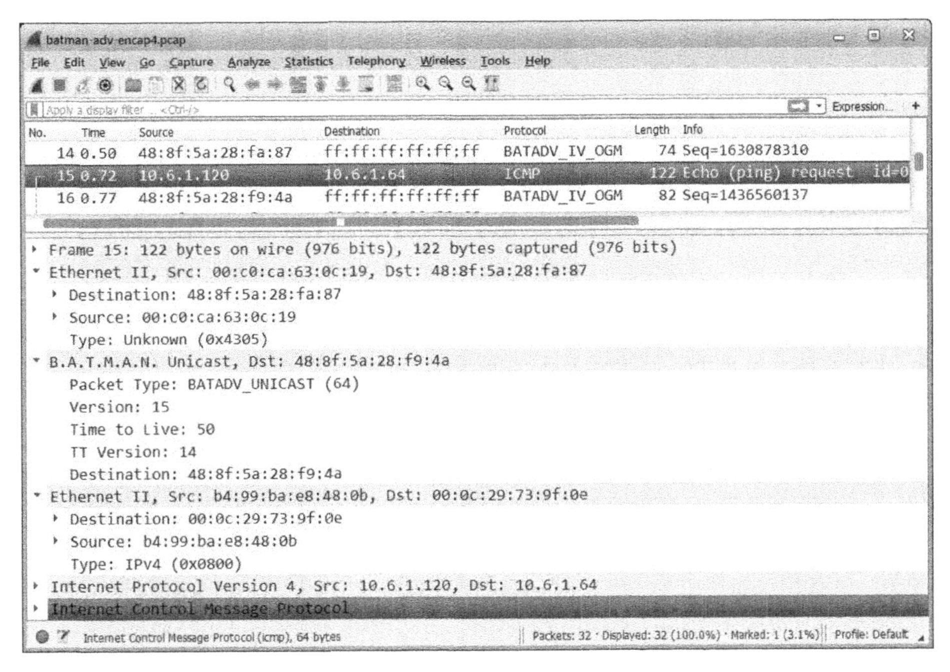

Abbildung 1.8: Batman-adv verpacket das Paket in einen zusätzlichen Header

Der innere, verpackte Teil des Ethernet-Headers enthält die MAC-Adressen vom WiFi-Client und der Zielmaschine. Der äußere Ethernet-Header besteht aus den MAC-Adressen der Mesh-Points Mesh2 (Sender) und Mesh3 (Empfänger).
Nachdem Mesh3 das Paket empfangen hat, wird dieser ebenfalls anhand seiner *originators*-Tabelle den nächsten Hop ermitteln und auf Mesh4 stoßen. Anschließend versendet Mesh3 das Paket mit einem neuen äußeren Ethernet-Header, der seine MAC-Adresse als Sender und die MAC-Adresse von Mesh4 als Empfänger aufweist.

Mesh4 ist der Mesh-Portal-Point und damit der Ausgang aus dem Mesh. Dieser letzte Mesh-Router wird den äußeren Ethernet-Header und den Batman-Header entfernen und das Paket in seiner ursprünglichen Form über sein LAN-Interface weiterleiten. Der Empfänger erhält das Originalpaket ohne Spuren von Mesh, Routing oder Tunneln.

Ausfallschutz

Mesh-Netze sind in ihrer Natur dynamisch. Neue Mesh-Points entstehen und bestehende verschwinden – absichtlich oder durch einen Systemausfall. Auf diese Situation sind die Routingprotokolle vorbereitet. Sobald ein neuer Mesh-Point im Netz auftaucht, lernen sich die Geräte selbstständig kennen, bewerten gegenseitig die Signalqualität und tauschen Routinginformationen aus. Im Fehlerfall bemerken die Mesh-Points nach vordefinierten Timeouts, dass der Kollege verschwunden ist und suchen einen alternativen Pfad zu den betroffenen Endgeräten.

Im Labornetz von Seite 14 lässt sich ein Ausfall nachstellen, indem entweder der Router Mesh1 oder Mesh3 stromlos gemacht wird. Der Pfad von Mesh2 zu Mesh4 muss über den verbliebenen Mesh-Point führen. Das Routingprotokoll wählt nach Ablauf der eingebauten Timeouts den alternativen Pfad zwischen den Mesh-Points.

Wenn alle Mesh-Points verfügbar sind, kann eine Funkverbindung unter Reflexion, Absorption, Brechung oder Streuung leiden. Die vorgestellten Routingprotokolle in Tabelle 1.1 auf Seite 17 wählen den nächsten Hop auch aufgrund von Verbindungsqualität oder Paketverlust. Die Implementierung von OLSR verwendet ebenfalls die Verbindungsqualität als Metrik, auch wenn dies in RFC 3626 nicht vorgesehen ist.

Im normalen Betrieb schaltet das Routingprotokoll innerhalb von 10–20 Sekunden nach einem Ausfall auf einen anderen Mesh-Point um. Wenn sich ein Mesh-Point aus dem Empfangsbereich entfernt, handeln die Protokolle innerhalb von 6–12 Sekunden.

Während des Ausfalls verwirft OLSR die nicht zustellbaren Pakete. Batman-adv dagegen puffert die Pakete und sendet sie anschließend über den alternativen Pfad weiter. Die Folge sind weniger Paketverluste, aber eine erhöhte Verzögerung.

Zusammenfassung

Mesh-Netze sind drahtlose Kommunikationsnetze, die ohne LAN-Kabel auskommen und damit auch Bereiche ausleuchten, die per Kabel nur schwer oder teuer erreichbar sind. OpenWrt ist eine hervorragende Basis für Mesh-Router, welche über die WiFi-Schnittstelle am Mesh-Netz teilnehmen und damit das Mesh vergrößern oder verdichten.
Den strategischen Vorteil gegenüber Ad-hoc-Netzen erhalten Mesh-Netze durch ihr Routingprotokoll. Dieses flutet Pakete nicht ungerichtet ins Netz, sondern findet zielgerichtet den besten Pfad und berücksichtigt dabei die Verbindungsqualität, den Paketverlust oder die Datenrate.
Für kleine Mesh-Umgebungen mit einer überschaubaren Anzahl an Geräten reicht das 802.11s-integrierte Protokoll HWMP. In größeren Installationen bieten die Protokolle OLSR und BATMAN mehr Effizienz, Stellschrauben und Feedback. Welches von den beiden Kandidaten der Bessere ist, ist regelmäßig Bestandteil von wissenschaftlichen Studien, die zu unterschiedlichen Ergebnissen führen und mal den Einen und mal den Anderen zum Sieger küren. Auch die Betreiber von öffentlichen Mesh-Gemeinschaftsnetzen schwören auf BATMAN oder OLSR.

Kapitel 2

Dynamisches Routing

Router transportieren zwar IP-Pakete in weit entfernte Netze, aber diese Zielnetze sind erst einmal unbekannt, bis jemand sie dem Router bekannt gibt. In kleinen Netzen reichen statische Routen dafür aus, um jedem Router jedes Netz anzukündigen. Die Anzahl der IP-Bereiche (Routen) ist überschaubar.
In größeren Umgebungen wird die händisch geführte Routingtabelle ein zeitintensives Hobby, da ein neues IP-Netz in allen Routern manuell eingetragen werden muss, um erreichbar zu sein.

Ein dynamisches Routingprotokoll nimmt dem Admin diese Arbeit ab. Die Router lernen sich kennen und berichten gegenseitig über ihre lokalen Subnetze. Nach kurzer Zeit kennt jeder Router alle bekannt gegebenen IP-Netze und wer dafür verantwortlich ist.
Was hier nach Standortvernetzung und Weitverkehrsnetzen klingt, lässt sich gut auf ein Campusnetz übertragen: Die Anzahl der Endgeräte ist groß und die Bandbreiten unterschiedlich. Und dynamisches Routing lohnt sich auch für kleine Umgebungen, um in den Genuss von automatischem Ausfallschutz zu kommen.

OSPF

Wenn Router unterschiedlicher Hersteller miteinander kommunizieren wollen, muss ein offenes Protokoll her. Daraus ist *Open Shortest Path First*

(OSPF) entstanden und hat sich im Unternehmensumfeld etabliert. Durch seine offene Architektur sind OSPF-Implementierungen für nahezu alle Router namhafter Hersteller und Betriebssysteme vorhanden.
OSPF in der Version 2 ist der Spezialist für IPv4-Netze und dies schon seit Ende der 1980er Jahre. Für die große Welt von IPv6 haben die Entwickler das Protokoll aufgebohrt und daraus Version 3 gemacht.
OSPFv2 und OSPFv3 haben zwar das gleiche Ziel, sind aber strikt nach IPv4 und IPv6 getrennt. Wenn im Netz beide IP-Versionen existieren, müssen sich die Router über OSPFv2 (für IPv4) *und* OSPFv3 (für IPv6) unterhalten. Diese Unterteilung ist charmant, denn es erlaubt Netzbetreibern unter IPv6 ein anderes Routingprotokoll zu nutzen, ohne die stabile IPv4-Konfiguration zu gefährden.
Je nach Implementierung arbeiten dafür unterschiedliche Prozesse, oder nur einer, der beide OSPF-Versionen beherrscht. Beispielsweise trennt OpenWrt beide Protokolle auf Anwendungsebene.

Konzept

OSPF erwartet vor der Einrichtung ein wenig Planung, um die Skalierbarkeit des Protokolls richtig zu nutzen und um spätere Umbauten zu verhindern.

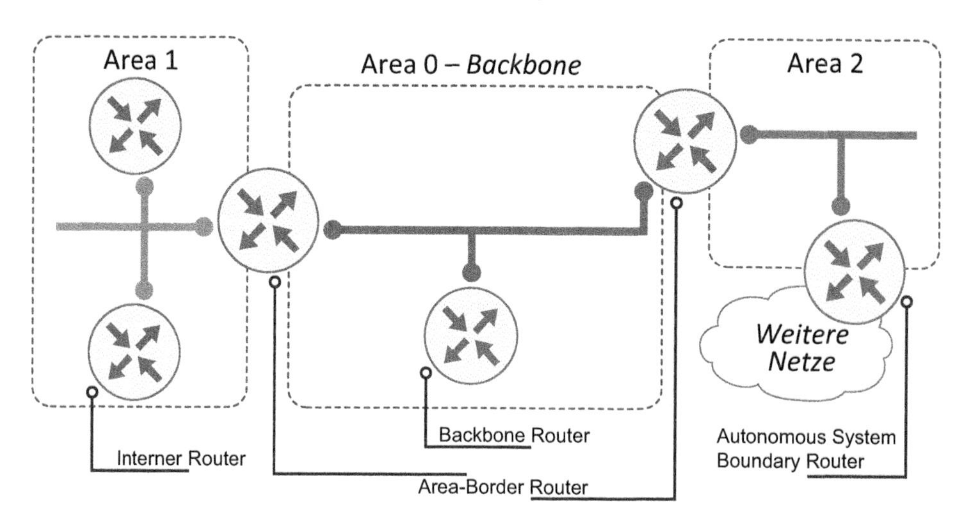

Abbildung 2.1: OSPF-Areas und Router-Typen

OSPF unterteilt seine Router nach Areas (engl. Gebiete). Eine Area ist eine zusammenhängende Gruppe von Routern. In einem großen Unternehmensnetz könnte eine Area einen Firmenstandort widerspiegeln. Alle Areas unterhalten sich miteinander nur über die Backbone-Area, die ebenfalls aus Routern besteht. Das sollten die Router sein, welche die Unternehmensstandorte miteinander verbinden.
Sobald ein Interface und sein angeschlossenes IP-Netz zum OSPF-Verbund gehören, werden sie Mitglied der ausgewählten Area. Damit ist es möglich, dass einzelne Router zu mehreren Areas gehören. Diese Router werden zum Botschafter zwischen den Areas und als *Area Border Router* (ABR) benannt. Wenn ein Router seine Interfaces in Netze steckt, die nicht über OSPF verwaltet werden, nimmt er die Rolle des *Autonomous System Boundary Router* (ASBR) ein. Abbildung 2.1 zeigt alle OSPF-Rollen in einem minimalen Beispielnetz.

Diese Rollen sind wichtig, denn

- nur *zwischen* zwei Areas kann der verbindende Router IP-Netze zusammenfassen und eine *Summary Route* weiterreichen.
- Änderungen werden von OSPF-Routern geflutet. Damit diese Flut nicht das gesamte Netz lahmlegt, ist an der Grenze einer Area Schluss.

In kleineren Netzen ist es akzeptabel, *nur* die Backbone-Area zu nutzen, um die Komplexität von OSPF nicht unnötig auszureizen. Die Vorteile der Unterteilung nach Areas fallen dann weg.

Router haben viele IP-Adressen. Für die Benachrichtigungen über Netzänderungen benutzen die OSPF-Teilnehmer aber stets dieselbe IP-Adresse, um keine Verwirrung zu stiften. Diese eindeutige Kennung ist die OSPF-Router-ID.

Aufbau

Alle verfügbaren Router im Labornetz werden zu OSPF-Routern. Die WAN-Netze gehören in die Backbone-Area, die bei OSPF die fixe Nummer 0 hat. Da die Bandbreite Einfluss auf die Routenberechnung von OSPF hat,

bekommen die Transportnetze eine unterschiedliche Gewichtung: WAN-1 liefert 34 Mbit/s, WAN-2 10 Mbit/s und WAN-3 schafft 155 Mbit/s.
Das Subnetz von Standort-1 wird zur Area 1. Standort-2 gehört zu Area 2 und der Standort-3 wird zu Area 3. Damit ist die Voraussetzung von OSPF erfüllt, dass jede Area eine Verbindung zum Backbone-Netz haben muss. Die Zuordnung von Area zu Router zeigt Abbildung 2.2.

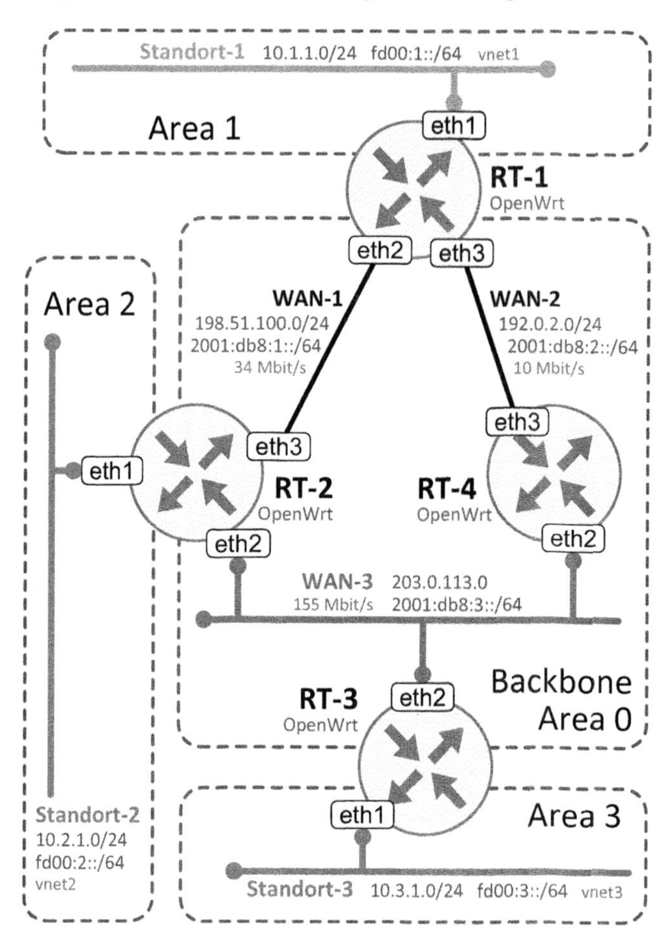

Abbildung 2.2: Laboraufbau mit Area-Markierungen

Für die OSPF-Router-ID kommt eine weitere IP-Adresse ins Spiel, die aus der fortlaufenden Nummer des Geräts besteht. Der Router RT-2 bringt zusätzlich ein paar externe Routen in die geschlossene Gesellschaft von OSPF. Diese

Aufteilung ist zwar kein sinnvolles Netzdesign, aber es verdeutlicht die unterschiedlichen Typen von Routern und den Einfluss der Areas.

Vorbereitung

Die Routingsoftware der Herzen ist *Quagga*. Leider kommt OpenWrt ohne Quagga, aber das Repository hält fertige Pakete bereit, sodass die Installation mit wenigen Schritten abgeschlossen ist.

```
1  opkg update
2  opkg install quagga quagga-ospfd quagga-ospf6d quagga-vtysh \
3    quagga-zebra
4  service quagga start
```

Nach einer kurzen Installation startet der Verwaltungsdienst von Quagga und die beiden OSPF-Prozesse warten auf ihre Einrichtung. Falls einer der Dienste nicht läuft, holt Zeile 4 den Start nach.

> **Hinweis**
>
> Für die weitere Konfiguration sind alle Netzadapter in einer vertrauenswürdigen Firewallzone, die OSPF-Pakete akzeptiert und verarbeitet.

Einrichtung

Alle Dienste von Quagga erhalten ihre Befehle über die interaktive Shell `vtysh`, die sich anfühlt wie ein waschechtes Cisco IOS. Eine Integration in UCI oder LuCI gibt es nicht. Der OSPF-Prozess beginnt seine Arbeit, sobald er eine Router-ID erhält. Diese Kennung muss innerhalb der OSPF-Wolke eindeutig sein. Der erste Router RT-1 erhält seine beispielhafte Router-ID 1.1.1.1 per Kommando:

```
RT-1# configure terminal
RT-1(config)# router ospf
RT-1(config-router)# ospf router-id 1.1.1.1
```

Die Befehle wirken ohne weitere Bestätigung oder Aktivierung. Der OSPF-Prozess kennt jetzt seine Router-ID. Aber damit ist es noch nicht getan, denn bisher hat der Dienst noch keine konkreten Aufgaben.

Die Einrichtung erwartet als Minimum das Auflisten der Areas und der IP-Bereiche innerhalb der Area. Am Beispiel von RT-1 und Abbildung 2.3 gehören die beiden WAN-Netze und das Standortnetz dazu.

```
RT-1(config-router)# network 10.1.1.0/24 area 1
RT-1(config-router)# network 198.51.100.0/24 area 0
```

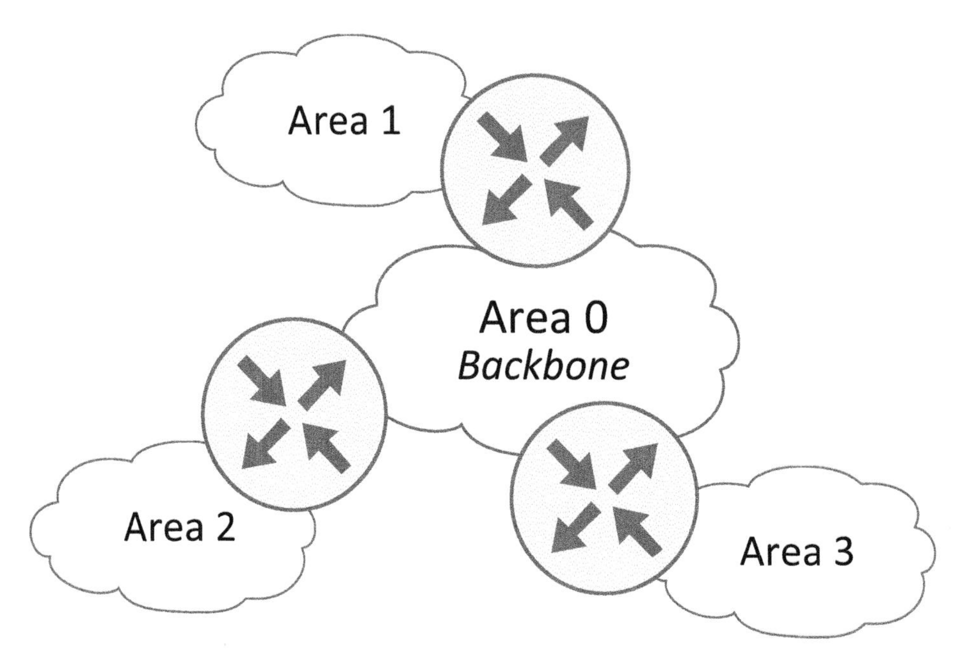

Abbildung 2.3: Alle Areas müssen Kontakt zum Backbone haben

Damit beginnt OSPF seine Arbeit und sendet auf den passenden Interfaces Freundschaftsanfragen ins Netz. Da es noch keine Gegenstellen gibt, bleiben diese Anfragen unbeantwortet. Das Routing der lokalen Netze ist davon unberührt. Die Funktionalität rund um OSPF ist nur ein *Zusatz*, um die Routingtabelle automatisch zu füllen.
Sobald auch RT-2 in den Stand des dynamischen Routers erhoben wird, lernen sich die beiden Router über das gemeinsame IP-Netz 198.51.100.0 kennen und sie formen eine Nachbarschaft.

```
RT-2# configure terminal
RT-2(config)# router ospf
RT-2(config-router)# network 198.51.100.0/24 area 0
RT-2(config-router)# network 10.2.1.0/24 area 2
```

Diese Nachbarschaft ist die Grundlage, um Routinginformationen auszutauschen. Anschließend hat Router RT-2 das IP-Netz 10.1.1.0 von RT-1 gelernt und in seine Routingtabelle aufgenommen.

```
RT-2# show ip route ospf
Codes: K - kernel route, C - connected, S - static, R - RIP,
       O - OSPF, I - IS-IS, B - BGP, P - PIM, A - Babel,
       > - selected route, * - FIB route

O>* 10.1.1.0/24 [110/20] via 198.51.100.1, eth3, 00:03:28
O   10.2.1.0/24 [110/10] is directly connected, eth1, 00:00:14
O   198.51.100.0/24 [110/10] is directly connected, eth3, 00:04:15
```

Auf dieselbe Weise werden auch Router RT-3 und RT-4 ein Teil der OSPF-Landschaft.

Nachbarschaften

OSPF beginnt seine Magie erst, nachdem die Router Nachbarn geworden sind. OpenWrt führt genau Buch über seine direkten Nachbarschaften und gibt bereitwillig Auskunft:

```
RT-4# show ip ospf neighbor

Neighbor ID Pri State       Dead Time Address       Interface  [...]
2.2.2.2       1 Full/DROther 37.142s 203.0.113.2   eth2:203.0.113.4
3.3.3.3       1 Full/Backup  39.393s 203.0.113.3   eth2:203.0.113.4
1.1.1.1       1 Full/DR      35.240s 192.0.2.1     eth3:192.0.2.4
```

Die Nachbarschaften halten aber nicht ewig und müssen regelmäßig erneuert werden. Dazu sendet jeder OSPF-Router kontinuierlich seine Lebenszeichen in Form eines Hello-Pakets, per Voreinstellung alle 10 Sekunden (Hello-Intervall). Die Nachbarschaft zerbricht, wenn diese Lebenszeichen ausbleiben. OpenWrt ist geduldig und wartet noch 40 Sekunden (*Dead time*) auf ein Hello-Paket, bevor die Verbindung zum Nachbarn als unerreichbar gilt.
Alle Routinginformationen, die über die fehlgeschlagene Verbindung den lokalen Router erreicht haben, werden jetzt infrage gestellt und aus der eigenen Routingtabelle gelöscht.
Dieser Schritt ist natürlich auch umkehrbar: Sobald die Lebenszeichen wieder anfangen, kann eine Nachbarschaft beginnen, welche die Routingtabelle

wieder mit den fehlenden IP-Informationen auffüllt. Wichtig ist, dass sich die Router erreichen und nach einem kurzen Small Talk in den Status *Full* wechseln.

Bandbreite

Nach dieser ersten Minimalkonfiguration sind die betroffenen IP-Netze allen Routern bekannt. Damit hat OSPF seine primäre Aufgabe erfüllt, die daraus besteht, entfernte Netze erreichbar zu machen.
Aber OSPF hat noch weitere Tricks zu bieten. Zwischen den Standortnetzen 1 und 3 existieren mehrere Pfade und mehrere Router. Sobald diese Informationen per OSPF bekannt sind, haben die Router unterschiedliche Möglichkeiten, die Standortnetze zu erreichen. Anhand der Bandbreite erkennt der Router den besten Weg und erhebt ihn in seine Routingtabelle. Der zweitbeste Weg ist der erste Backup-Pfad und bleibt im Hinterkopf, falls die primäre Route mal unerreichbar ist.
Dadurch entsteht ein automatischer Ausfallschutz, denn OSPF kümmert sich selbstständig um die Überprüfung der Nachbarschaften. Die unscheinbaren Hello-Pakete als Lebenszeichen sind die Grundlage dafür. Wird ein Nachbar unerreichbar, werden alle IP-Informationen ungültig, die dieser Nachbar verschickt hat, und die Backup-Route hat ihre Chance in die Routingtabelle aufgenommen zu werden.
Als Nächstes erhalten die Netzadapter einen festen Wert für die Bandbreite, damit OSPF den schnellsten Pfad finden kann. Die Angabe ist nur für die WAN-Interfaces notwendig, da die tatsächliche Bandbreite der Netzwerkkarte (1000 Mbit/s) deutlich höher ist als die vereinbarte Bandbreite (10, 34 oder 155 Mbit/s). Für RT-1 ergibt sich folgende Konfiguration:

```
interface eth2
 bandwidth 34000
!
interface eth3
 bandwidth 10000
```

Es ist wichtig, dass die Bandbreite auf den entsprechenden Interfaces der anderen Router denselben Wert erhält. Andernfalls kommt OSPF auf den Routern zu unterschiedlichen Ergebnissen für die beste Route, und es kann zu asymmetrischem Routing führen.

Sobald alle Router ihre Bandbreiten- und Area-Konfiguration erhalten haben, hat RT-1 mehrere Möglichkeiten, um das IP-Netz von Standort-3 zu erreichen (Abbildung 2.4).

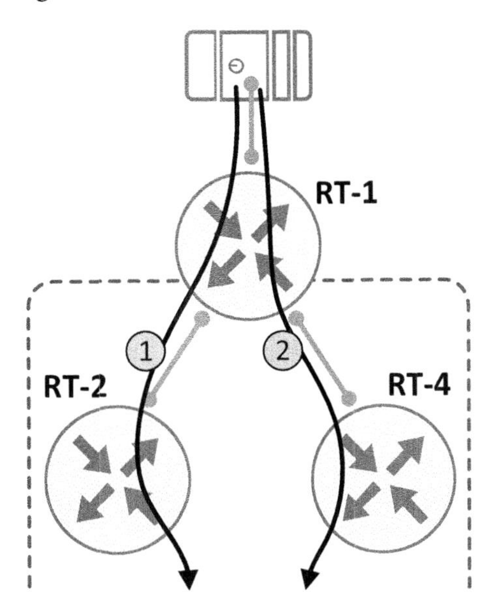

Abbildung 2.4: Zwei verschiedene Wege führen zu Standort 3

Die beiden Wege führen über WAN-1 zu RT-2 oder über WAN-2 zu RT-4. Welcher Pfad schafft es in die Routingtabelle? Die Kriterien sind Erreichbarkeit und Bandbreite; sobald es eine Verbindung gibt, wird OSPF sie finden und eventuell benutzen.
Die höchste Bandbreite bietet die Verbindung über WAN-1, da sie mit 34 Mbit/s ausgezeichnet ist. Also wird diese Route in die Routingtabelle aufgenommen und für IP-Verbindungen von Clients verwendet.

```
RT-1# show ip route 10.3.1.0/24
Routing entry for 10.3.1.0/24
  Known via "ospf", distance 110, metric 14, tag 0, best, fib
  Last update 00:02:10 ago
  >* 198.51.100.2, via eth2
```

Die alternative Route behält OSPF als Trumpf und spielt sie aus, sobald der primäre Pfad aufgrund von Störungen und ausbleibenden Hello-Paketen unerreichbar ist.

Ausfalltest

Wie gut funktioniert die automatische Routenänderung? Im Normalfall erreicht ein Client von Standort-1 ein Endgerät in Standort-3 über RT-1, WAN-1, RT-2, WAN-3 und RT-3, aufgrund der vorteilhaftesten Bandbreite.

```
root@labsrv:~# traceroute -In 10.3.1.3
traceroute to 10.3.1.3 (10.3.1.3), 30 hops max, 60 byte packets
 1  10.1.1.1  0.355 ms  0.362 ms  0.343 ms
 2  198.51.100.2  0.565 ms  0.566 ms  0.681 ms
 3  10.3.1.3  1.126 ms  1.128 ms  1.128 ms
```

Jetzt darf die Störung beginnen, denn plötzlich fällt die WAN-Verbindung *eth2* von Router RT-1 aus. Je nach WAN-Technologie bemerkt das Interface diesen Ausfall und ändert seinen Zustand in „nicht verbunden“. Falls nicht, reagiert OSPF nach Ablauf der *Dead time* von 40 Sekunden.
Ein kurzer Blick in die lokale OSPF-Datenbank zaubert die zweitbeste Route hervor, die jetzt der bevorzugte Pfad wird und in die Routingtabelle kommt. Dieselbe Aktion passiert ebenfalls in RT-2, denn auch dieser Router bemerkt die fehlenden Hello-Pakete vom Nachbarn RT-1 und bemüht seine alternative Route.
Die Routingtabelle von RT-1 listet jetzt einen alternativen Weg zum entfernten Netz 10.3.1.0/24:

```
RT-1# show ip route 10.3.1.0
Routing entry for 10.3.1.0/24
  Known via "ospf", distance 110, metric 21, tag 0, best, fib
  Last update 00:00:38 ago
  >* 192.0.2.4, via eth3
```

Sobald das Um-Routing abgeschlossen ist, erreicht das Netz wieder einen *konvergenten* Zustand. Die Clients von Standort-1 erreichen die Kollegen in Standort-3 nun über einen alternativen Pfad durch WAN-2:

```
root@labsrv:~# traceroute -In 10.3.1.3
traceroute to 10.3.1.3 (10.3.1.3), 30 hops max, 60 byte packets
 1  10.1.1.1  0.264 ms  0.204 ms  0.126 ms
 2  192.0.2.4  0.279 ms  0.230 ms  0.190 ms
 3  10.3.1.3  0.633 ms  0.638 ms  0.613 ms
```

Die Backup-Routen berechnet OSPF erst, wenn es notwendig wird. Eine grobe Vermutung, wo der Verkehr langfließen wird, wenn es zum Ausfall kommt, gibt die OSPF-Datenbank. Dort schlummern alle Informationen, die zur Routenberechnung benutzt werden, auch wenn sie es nicht in die Routingtabelle geschafft haben.

```
show ip ospf database
```

Spezifische Informationen zum IP-Netz 10.3.1.0 zeigt Router RT-1 mit

```
show ip ospf database summary 10.3.1.0
```

Mit dem *Advertising Router* verrät die Kommandoausgabe schon die ungefähre Richtung, welcher Kandidat für die Backup-Route infrage kommt.

Einfluss

OSPF sucht sich seine besten Pfade selbstständig, aber welchen Einfluss hat der Netzwerk-Admin, um die Routing-Entscheidungen zu beeinflussen? Beispielsweise ist das WAN-1-Netz ein LTE-Netz, welches als Reservezugang geplant ist. OSPF schreckt vor dieser Netzverbindung nicht zurück und nimmt den Pfad in die Routingtabelle, wenn die Bandbreite in diesem Beispiel höher ist als die von WAN-2.
Das Ziel ist nun, die Qualität (Metrik) der Route, die ins LTE-Netz führt, künstlich zu verschlechtern. Damit wird die Route unbeliebter und OSPF bevorzugt andere Wege. Nur wenn alle anderen Pfade unerreichbar sind, nimmt OSPF als letzten Ausweg das LTE-Netz und verhindert damit einen Totalausfall.
Der händische Eingriff in die Entscheidung von OSPF geschieht indirekt über die zugewiesene Bandbreite eines Netzadapters. Die Bandbreite wird als Zahl in kbit/s angegeben (höher ist besser) oder als Nutzungskosten (niedriger ist besser). Ohne Angaben in der Konfiguration verwendet OSPF die Bandbreite des Interfaces, also 100 Mbit/s oder 1 Gbit/s.
Im Fall des WAN-1-Netzwerks darf eine geringere Bandbreite von beispielsweise 1 Mbit/s vorgetäuscht werden.

```
interface eth2
 bandwidth 1000
```

Der tatsächliche Durchsatz der Netzwerkkarte wird dadurch nicht eingeschränkt.

Alternativ wird beim *eth2*-Interface hohe Kosten hinterlegt, sodass OSPF eine andere Routingentscheidung trifft.

```
interface eth2
 ip ospf cost 65535
```

Das Ergebnis ist das Gleiche. Intern verwendet OSPF die Kosten für die Kalkulation seiner Routen. Die Angabe einer Bandbreite wird zuerst in Kosten umgerechnet und anschließend genutzt.

Sicherheit

Jeder OSPF-Router vertraut jedem anderen Router, solange er das OSPF-Protokoll verständlich spricht. Ein ungewollter Router im Netzverbund kann Nachbarschaften mit den bekannten OSPF-Routern aufbauen und falsche Routen verteilen. Das fällt zwar schnell auf, da legitime IP-Netze nicht mehr erreichbar sind, bewirkt aber einen Netzausfall, obwohl alle Verbindungen in Ordnung sind.
Die Macher von OSPF haben auch an diesen Umstand gedacht und einen Schutzmechanismus in Form von Authentifizierung eingebaut. Simpel und sicher: Vor dem Versand fügt der Router dem OSPF-Paket eine digitale Signatur hinzu. Der Empfänger prüft die Signatur und verarbeitet den Inhalt nur dann, wenn sie gültig ist. Damit kann ein ungewollter Router zwar OSPF-Informationen mitlesen, aber keine Routen einschleusen.
Die Authentifizierung gilt pro Interface. Auf Netzsegmenten mit Risikofaktor empfiehlt sich eine Authentifizierung. Bei Verbindungen, die bereits über Verschlüsselung verfügen (z. B. VPN-Tunnel), ist eine zusätzliche Authentifizierung nicht notwendig. Im Zweifel lieber auf allen Interfaces aktivieren, dann ist die OSPF-Konfiguration einheitlich.

```
interface eth3
 ip ospf authentication message-digest
 ip ospf message-digest-key 1 md5 OPENWRT
```

Die Berechnung der Routen und der Tagesbetrieb von OSPF *mit* Authentifizierung unterscheidet sich nicht vom normalen Ablauf. Netze mit Verschlüsselung oder Authentifizierung werden nicht bevorzugt gewählt. Es verringert nur das Risiko von ungewollten Nachbarn.

Ein Fehler in der Konfiguration rund um die Authentifizierung führt dazu, dass keine Nachbarschaft zustande kommt und keine Pfadinformationen ausgetauscht werden. Die Fehlersuche ist schwierig, denn eine abweichende Authentifizierung in eingehenden OSPF-Headern zwingt den lokalen Router das Paket zu verwerfen. OpenWrt geht so weit, dass dieser Router weder in der Nachbartabelle, noch in der Logdatei auftaucht. Hier helfen die Debug-Meldungen von Seite 57 weiter.

Timer Tuning

In der Voreinstellung halten sich die Partner durch *Hello*-Pakete auf dem Laufenden, die alle zehn Sekunden erfolgen (*hello-interval*). Wenn sich ein Nachbar vierzig Sekunden lang nicht meldet (*dead-interval*), werden alle betroffenen Geräte die Link-State-Informationen dieses Nachbarn verwerfen und nach Alternativen suchen, um die Routingtabelle aufzufüllen. Vierzig Sekunden sind eine lange Zeit und die meisten Applikationen werden dem Anwender eine Fehlermeldung präsentieren.

Hinweis

Wenn OSPF bemerkt, dass eine Netzverbindung getrennt ist („link-down"), wird sofort gehandelt und nicht erst nach dem langen Timeout.

Durch geschicktes Anpassen der Schwellenwerte und Timeouts lässt sich die Zeit zwischen einem Ausfall und dem Erkennen bzw. Reagieren, minimieren. Sehr kleine Werte eignen sich allerdings nur für stabile Internetleitungen, denn nicht jedes verlorene Paket soll direkt ein Failover auslösen.
Falls die OSPF-Umgebung stabil arbeitet, können die Werte verringert werden. Wackelige Verbindungen erfordern teilweise auch Timeouts im Minutenbereich. Hier ist vorsichtiges Ausprobieren angesagt.
OpenWrt erhält diese verbesserten Intervallwerte für einzelne OSPF-Schnittstellen. Das folgende Beispiel verringert die Timeouts für ein stabiles WAN-Segment:

```
interface eth3
 ip ospf hello-interval 5
 ip ospf dead-interval 20
```

> **Achtung**
>
> Benachbarte Router müssen identische Intervalle benutzen, um eine Nachbarschaft zu bilden.

Bei ungleichen Intervallen alarmiert der Routingdienst in seiner Logdatei:

```
Mon Jun 15 22:17:37 2020 daemon.warn ospfd[6923]: Packet 2.2.2.2 \
  [Hello:RECV]: HelloInterval mismatch (expected 10, but received 5)
Mon Jun 15 22:17:42 2020 daemon.warn ospfd[6923]: Packet 2.2.2.2 \
  [Hello:RECV]: RouterDeadInterval mismatch (expected 40, but received 20)
```

Lastverteilung

Wenn bei der Wahl zur besten Route zwei Kandidaten gleichwertig sind, nimmt OpenWrt beide in die Routingtabelle auf. Die Clientverbindungen zu dem Zielnetz werden fortan über *beide* Routen verschickt: mal die eine und mal die andere – es entsteht eine Lastverteilung.

```
RT-1# show ip route 10.3.1.0
Routing entry for 10.3.1.0/24
  Known via "ospf", distance 110, metric 21, tag 0, best, fib
  Last update 00:00:11 ago
  >* 198.51.100.2, via eth2
  >* 192.0.2.4, via eth3
```

Dieses Verhalten tritt nur auf, wenn das Routingprotokoll beide Pfade als gleichwertig betrachtet. Daher stammt auch der Name *Equal Cost Multi-Path* (ECMP), der Ursache und Wirkung treffend beschreibt.
OpenWrt verteilt den Datenstrom nach Clientverbindungen. Bei dieser Lastverteilung werden alle Pakete einer Client-Server-Verbindung stets über denselben Nachbarn geroutet. Eine einzelne Verbindung kann folglich nur die maximale Bandbreite *einer* Leitung füllen.
Der Einfluss des Administrators auf die Lastverteilung ist gering, denn OpenWrt nutzt die Verteillogik des Linux-Kernels. Weiterhin fehlt die Möglichkeit, einen Nachbarn zu bevorzugen oder spezielle Applikationsdaten auf einen Pfad zu fixieren. Außerdem lässt sich das Feature nicht mit einem Schalter aus- und einschalten; sobald zwei (oder mehrere) Routen sich die beste Metrik teilen, beginnt ECMP mit der Arbeit.

Zwei sehr ungleiche Strecken bewirken ungleiche Auslastungen und lassen sich manchmal mit einem einfachen ping aufspüren.

```
root@labsrv:~# ping -c 6 -i 1 -s 1024  10.3.1.3
PING 10.3.1.25 (10.3.1.3) 1024(1052) bytes of data.
1032 bytes from 10.3.1.3: icmp_seq=1 ttl=62 time=2.74 ms
1032 bytes from 10.3.1.3: icmp_seq=2 ttl=62 time=780 ms
1032 bytes from 10.3.1.3: icmp_seq=3 ttl=62 time=2.55 ms
1032 bytes from 10.3.1.3: icmp_seq=4 ttl=62 time=1392 ms
1032 bytes from 10.3.1.3: icmp_seq=5 ttl=62 time=2.90 ms
1032 bytes from 10.3.1.3: icmp_seq=6 ttl=62 time=1090 ms

--- 10.3.1.3 ping statistics ---
6 packets transmitted, 6 received, 0% packet loss, time 5025ms
rtt min/avg/max/mdev = 2.558/545.200/1392.818/570.577 ms, pipe 2
```

OpenWrt kann zusätzlich die TCP/UDP-Portnummer als Entscheidung für die Lastverteilung nutzen. Der Kernel lässt sich mit einem Eingriff in sein *proc*-Dateisystem zur session-basierten Lastverteilung bewegen:

```
sysctl net.ipv4.fib_multipath_hash_policy=1
```

Das Ergebnis ist eine harmonische Auslastung beider WAN-Verbindungen. Es besteht allerdings die Gefahr, dass Pakete auf dem Rückweg einen anderen Pfad nehmen als auf dem Hinweg. OpenWrt verwendet dann eine Verteilung pro Session, aber das funktioniert nur, wenn die Pakete einwandfrei als zusammenhängende Session erkennbar sind. traceroute macht deutlich, dass der zweite Hop im Kommunikationspfad über unterschiedliche WAN-Strecken angesteuert wird, weil unterschiedliche IP-Adressen antworten.

```
root@labsrv:~# traceroute -n 10.3.1.3
traceroute to 10.3.1.3 (10.3.1.3), 30 hops max, 60 byte packets
 1  10.1.1.1  0.206 ms  0.202 ms  0.151 ms
 2  198.51.100.2  0.284 ms  192.0.2.4  0.703 ms  0.627 ms
 3  10.3.1.3  1.186 ms 0.751 ms  0.744 ms
```

Im überschaubaren Labornetz fällt das nicht störend auf, aber in realen Netzen verderben Firewalls, WAN-Beschleuniger und Intrusion-Detection-Systeme die Freude an der Lastverteilung. Und traceroute funktioniert auch nur, solange die passierten Geräte im Pfad eine ICMP-Meldung zurücksenden.

Equal Cost Multi-Path ist die Lastverteilung des kleinen Mannes: Sie ist dabei und wird automatisch angewendet. Und bei zwei sehr ähnlichen Strecken bringt sie eine Steigerung der Gesamtbandbreite und sogar Ausfallschutz.
Für die Lastverteilung über mehrere ungleiche Leitungen bietet OpenWrt das Zusatzpaket *mwan3*, welches ohne OSPF arbeitet (vgl. Kap. 6).

Skalierung

In kleinen Umgebungen bringt dynamisches Routing die Vorzüge der Lastverteilung und des Ausfallschutzes. In großen Umgebungen führt kein Weg dran vorbei, die Berge an IP-Netzen zu kontrollieren und allen Geräten beizubringen.
OSPF hat auch für große Netze und hohe Bandbreiten ein paar Asse im Ärmel. Dieser Abschnitt will kein Buch über OSPF-Design ersetzen, möchte aber die Skalierungstipps kurz anreißen.

Areas

OSPF flutet Zustandsänderungen ins Netz, damit sie jeden Teilnehmer derselben Area erreichen. Bei vielen Routern oder vielen Änderungen steigt die Belastung für Netzwerk und CPU, denn die Router müssen auf jede Änderung reagieren und eventuell ihre Routen neu bewerten.
Wie die OSPF-Landschaft aufgeteilt wird und welche Rolle die Areas einnehmen, ist eine Frage von Design und Größe. Die OSPF-Router innerhalb einer Area benötigen nicht das Detailwissen über externe Routen oder die IP-Netze anderer Areas. Es reichen mehrere Summary-Routen oder eine einzelne Default-Route.
Wenn die Area auf externe Routen verzichten soll, wird sie zur *Stub-Area*. Die Routingtabellen der betroffenen Router schrumpfen, sobald die ABRs die Area als `stub` deklarieren:

```
router ospf
 area 1 stub
```

Die Router dieser Stub-Area erhalten weiterhin die Netz-Informationen anderer Areas. Wenn die verbleibende Menge der Routen immer noch den

Rahmen sprengt, kommt die *Totally Stubby Area* ins Spiel. In diese Area kommt nichts hinein, mit Ausnahme einer Default-Route. Die Entscheidung über die Totally Stubby Area fällen die Area Border Router, die zwischen den Areas filtern und die Default-Route verteilen.

```
router ospf
 area 1 stub no-summary
```

Zusammenfassen von IP-Bereichen

Wenn sich Netzbereiche zusammenfassen lassen, spart das Platz in den Routingtabellen der Router einer anderen Area. Wenn *alle* einzelnen Routen, deren IPv4-Adresse mit 10.3 beginnen, zur selben Area gehören, sollte der Area Border Router die Summary-Route 10.3.0.0/16 an die Backbone-Router formulieren. Durch das Backbone erreicht die neue Route alle anderen Router und belegt dort *eine* Zeile in der Routingtabelle.
Die Zusammenfassung von Routen erfolgt in Richtung Backbone. Der ABR von Area 3 und Area 0 (RT-3) generiert diese Route und flutet sie in die Backbone-Area:

```
router ospf
 area 3 range 10.3.0.0/16
```

Anschließend sehen die Router anderer Areas den Inhalt von Area 3 als einzelne Route.

```
O>* 10.3.0.0/16 [110/21] via 198.51.100.2, eth2, 00:00:49
```

Hohe Bandbreiten

OSPF berechnet seine Metrik anhand der Bandbreite der Netzadapter. Die Formel ist relativ simpel: Teile 100 Mbit/s durch die tatsächliche Bandbreite des Interfaces und runde zur nächsten ganzen Zahl auf. Für kleine Bandbreiten im WAN funktioniert das ganz gut, aber alle Raten oberhalb von FastEthernet ergeben dieselbe Zahl 1. Per Voreinstellung kann OSPF nicht zwischen FastEthernet und Gigabit unterscheiden.
Für höhere Bandbreiten muss die Referenzbandbreite wachsen. Anstatt der üblichen 100 Mbit/s kann OpenWrt auch 10 Gbit/s verwenden.

```
router ospf
 auto-cost reference-bandwidth 10000
```

Die Kosten eines Gigabit-Interfaces zeigen sich dann nicht mehr als 1, sondern als 10:

```
RT-1# show ip ospf interface eth1
eth1 is up
  ifindex 3, MTU 1500 bytes, BW 1000000 Kbit <UP,BROADCAST,RUNNING...
  Internet Address 10.1.1.1/24, Broadcast 10.1.1.255, Area 0.0.0.1
  MTU mismatch detection:enabled
  Router ID 1.1.1.1, Network Type BROADCAST, Cost: 10
[...]
```

> **Achtung**
>
> Die Referenzbandbreite muss auf allen OSPF-Routern denselben Wert haben.

Der maximale Referenzwert liegt bei 4.294.967, was noch solange ausreichen wird, bis die Netzadapter den Bereich von *Terabit Ethernet* betreten.

OSPFv3

Die Version 3 von OSPF wagt den Vorstoß in die Welt von IPv6. Das klingt mutig, aber das Grundprinzip ist dasselbe, wenn auch die Adressen länger und weniger übersichtlich erscheinen.
OpenWrt behält die Kommandostruktur bei, aber stets mit der notwendigen Unterscheidung, ob ein Befehl für OSPFv3 gilt, und damit für IPv6, oder für das „klassische“ OSPF mit IPv4.
Bei näherer Betrachtung zeigen sich verschiedene Einschränkungen, welche die Implementierung von OSPFv3 (noch) mitbringt. Tabelle 2.1 listet auf, welche Features in OpenWrt noch fehlen oder unzureichend implementiert sind.
Bei der eingangs angepriesenen Skalierbarkeit von OSPF kann die Implementierung in OpenWrt nicht mithalten. Denn durch die fehlende Zusammenfassung (*Super-Neting*) von Präfixen per Summary-Route lernt *jeder* Router *jeden* noch so kleinen IPv6-Schnipsel.

Feature	OSPFv2	OSPFv3
Areas	☑	☑
Stub Areas	☑	☒
Summary-Routen	☑	☒
`network-type`	☑	☑
Referenzbandbreite	☑	☑
Authentifizierung	☑	☐
Timer	☑	☑

Tabelle 2.1: Die Implementierung von Features von OSPFv3 und OSPFv2 in OpenWrt

Einrichtung

Mit den IPv6-Adressen aus Tabelle 1 auf Seite 12 werden die Router im Handumdrehen zu IPv6-Routern. Statische Routen kommen nicht in die Konfiguration, denn jetzt soll OSPFv3 diese Lücke schließen und alle IPv6-Netze an die Router dynamisch verteilen.
Das Vorgehen läuft genau wie bei IPv4 ab: Zuerst OSPFv3-Prozess aktivieren, IPv6-Präfixe hinzufügen, Bandbreiten festlegen und schließlich auf die OSPF-Nachbarschaften warten. Danach verteilen sich die IPv6-Routen und tauchen in den Routingtabellen der benachbarten Geräte auf.

Für den Laborrouter RT-2 besteht die Konfiguration aus dem Einrichten der eigenen IPv6-Adressen und der Zuweisung von Interfaces zur Area. Zusätzlich bekommt der Router noch seine Router-ID, die selbst bei OSPFv3 die Form einer IPv4-Adresse annimmt.

```
router ospf6
 router-id 2.2.2.2
 interface eth3 area 0.0.0.0
 interface eth2 area 0.0.0.0
```

Bei OSPFv3 wird eine Area stets als *quad-dotted decimal* angegeben und nicht mehr als schlanke Dezimalzahl. Aus Area 0 wird 0.0.0.0, aus Area 1 wird 0.0.0.1 usw. Dieselbe Syntax gilt auch für die Router-ID. Die neue Schreibweise erinnert an eine IPv4-Adresse, hat aber mit ihr (abgesehen vom Aussehen) nichts zu tun.

Die Nachbarn kündigen sich auch über die Router-ID an, und in der Nachbartabelle tummeln sich IPv4-ähnliche Adressen, obwohl nur noch IPv6 gesprochen wird.

```
RT-2# show ipv6 ospf6 neighbor
Neighbor ID     Pri    DeadTime    State/IfState       Duration I/F[State]
1.1.1.1           1    00:00:38     Full/BDR           00:04:35 eth3[DR]
3.3.3.3           1    00:00:36     Full/BDR           00:01:03 eth2[DROther]
4.4.4.4           1    00:00:39     Full/DR            00:01:15 eth2[DROther]
```

Danach füllt sich wie gewohnt die Routingtabelle mit den IPv6-Präfixen der benachbarten Netze.

```
RT-2# show ipv6 route ospf6
Codes: K - kernel route, C - connected, S - static, R - RIPng,
       O - OSPFv6, I - IS-IS, B - BGP, A - Babel,
       > - selected route, * - FIB route

O>* 2001:db8:2::/64 [110/11] via fe80::256:23ff:fe04:504, eth2, 00:02:11
O   2001:db8:3::/64 [110/1] is directly connected, eth2, 00:02:11
```

Sicherheit

OSPFv3 kümmert sich nicht um die Sicherheit. Das ist kein fehlendes Sicherheitsbewusstsein, sondern die klare Entscheidung, dass es bereits hervorragende Sicherheitsprotokolle gibt, auf die OSPFv3 zurückgreifen kann. Gemeint ist IPsec und seine Fähigkeit zu verschlüsseln und zu signieren. Eine fertige Implementierung ist für jedes populäre Betriebssystem bereits vorhanden. Weiterhin ist die Einrichtung nicht auf MD5 beschränkt (vgl. Seite 46), sondern kann stärkere Algorithmen verwenden.

OpenWrt hat die Konfiguration von IPsec nicht in die `vtysh` oder ins UCI integriert. Wenn OSPFv3 vor neugierigen Blicken geschützt über die Leitungen wandern soll, muss das Betriebssystem für den Schutz sorgen.
Die notwendige Software steht im Repository bereit und ist per Paketmanager ohne Aufwand nutzbar:

```
opkg install ipsec-tools kmod-ipsec4 kmod-ipsec6
```

Das Prinzip ähnelt einem VPN-Tunnel: Ein Endpunkt verschlüsselt und verschickt, der andere Endpunkt empfängt und entschlüsselt. Alle Geräte dazwischen sehen nur unleserliche Paketinhalte.

Welche Teile der Kommunikation verschlüsselt sein sollen, entscheidet das neue Kommando `setkey`. Seine Anweisungen erhält `setkey` per Skriptdatei. In dieser Datei lassen sich die Algorithmen für Verschlüsselung und Signierung auswählen und mit einem Passwort versehen.
Die Anweisungen in Listing 2.1 zeigen die Transportverschlüsselung für OSPFv2-Pakete an die Multicast-Adresse 224.0.0.5 und OSPFv3-Pakete an die Multicast-Adresse ff02::5. Damit baut sich eine Nachbarschaft mit verschlüsselten Paketen auf. Das Beispiel ist bewusst kurz gehalten und beinhaltet nicht die weiteren Multicast-Adressen 224.0.0.6 und ff02::6, die OSPF ebenfalls verwendet, sowie die Unicast-Adressen der Netzadapter, die OSPF für den Versand der Datenbankinhalte nutzt. Das vollständige Skript ist über Anhang A erhältlich.

```
1  flush;
2  spdflush;
3
4  # OSPFv2
5  spdadd 0.0.0.0/0[0] 224.0.0.5[0] any
6    -P out ipsec esp/transport//require;
7  add 0.0.0.0 224.0.0.5 esp 0x10003 -m transport
8    -E aes-cbc "123456789012345678901234"
9    -A hmac-sha1 "12345678901234567890" ;
10
11 # OSPFv3
12 spdadd ::/0 ff02::5 any -P out ipsec esp/transport//require;
13 add :: ff02::5 esp 0x10003 -m transport
14   -E aes-cbc "123456789012345678901234"
15   -A hmac-sha1 "12345678901234567890" ;
```

Listing 2.1: Per `setkey` beginnt die Verschlüsselung von OSPF-Paketen

Die Schlüssel in den Zeilen 8, 9, 14 und 15 sind beispielhaft. Sie sollen zeigen, dass der Schlüssel eine exakte Länge haben muss, die abhängig vom Algorithmus (hier AES) ist.
Sobald die Datei angefertigt ist, sendet das `setkey`-Kommando ihren Inhalt an den Kernel, welcher mit der Kryptierung beginnt.

```
setkey -f <Dateiname.txt>
```

> **Hinweis**
>
> Die `setkey`-Datei aus Listing 2.1 ist adressunabhängig, sodass sie auf allen Routern einsetzbar ist und ohne weitere Anpassung die OSPF-Pakete verschlüsselt und signiert.

Da die Verschlüsselung nicht im OSPF-Prozess stattfindet, wissen die *show*-Kommandos der `vtysh` auch nichts über die Vertraulichkeit der Pakete. Feedback dazu liefern die Befehle `setkey -D` und `setkey -D -P` aus dem Softwarepaket von *ipsec-tools*.

Zuletzt sollte der Wunsch nach Verschlüsselung auch einen Neustart des Systems überleben. Dazu gehört der Aufruf von `setkey -f` in die Startdatei `/etc/rc.local`:

```
cat <<EOF >> /etc/rc.local
/usr/sbin/setkey -f /etc/quagga/ospf_ipsec.conf
EOF
```

Die Konfiguration zur Absicherung der OSPF-Nachbarn benutzt statische Schlüssel. Der *automatische* Austausch von Schlüsseln passt nicht zu OSPF, denn die Zieladresse von OSPF-Hello-Paketen ist eine Multicast-Adresse. Und leider verträgt sich der Dienst zum *Internet Key Exchange* (IKE) nicht mit Multicast.

Fehlersuche

Wenn Nachbarschaften nicht entstehen oder Pfade in den Routingtabellen fehlen, kann OSPF vielfältige Auskunft geben. Die erste Informationsquelle sind die `show`-Kommandos der `vtysh`. Diese kommunizieren mit den OSPF-Prozessen und liefern die gewünschten Ergebnisse als Kommandoausgabe. Wenn zwei Router keine Nachbarschaft eingehen wollen, prüft der folgende Befehl, ob OSPF auf dem verbindenden Netzadapter überhaupt aktiviert ist.

```
show ip ospf interface
```

Anschließend kommt der visuelle Vergleich beider Gegenstellen, ob MTU, Area, IP-Subnetz und kryptografische Prüfsumme übereinstimmen.

> **Hinweis**
>
> Die verwendeten Befehle betreffen OSPF Version 2. Wenn die Fehlersuche auf OSPFv3 abzielt, müssen die Argumente IPv6-tauglich werden: `show ipv6 ospf6 interface`

Die Liste der OSPF-Nachbarn bringt der Befehl `show ip ospf neighbor`. Die gewünschte Ausgabe ist auf den Seiten 41 und 54 gelistet. Eine vollwertige Nachbarschaft hat den Status `Full`. Alle anderen Zustände sollten vorübergehend sein und betreffen das Kennenlernen zweier Geräte oder den Austausch von Link-State-Informationen.
Wenn alle Nachbarschaften vollwertig sind, verteilen die Router ihre IP-Informationen untereinander. Welches IP-Netz es in die Routingtabelle geschafft hat, zeigt einer der folgenden Linux-Befehle.

```
vtysh -c "show ip route"
ip route show
route
netstat -r
```

Die nicht aufgeführten Pfade behält OSPF in seiner Datenbank. Dort befinden sich ebenfalls zu jedem IP-Netz der Ankündigungstyp, sein Alter und der verteilende Router. Warum der Kernel einen Pfad oder ein IP-Netz *nicht* in die Routingtabelle aufgenommen hat, ist eine Frage von Metrik und Filter.
Bei der Metrik ist die Entscheidung einfach: Die Routen mit der besten Metrik (kleinster Zahlenwert) kommen in die Routingtabelle. Die Filter sind hinterhältiger, denn jeder Area-Border-Router könnte aufgrund von Präfixfilter oder Route-Maps zwischen den Areas Routen rausfiltern.

Debug-Modus

Ähnlich den `debug`-Kommandos auf Cisco IOS-Routern hat auch OpenWrt Befehle im Gepäck für die Suche nach Feinheiten im Protokollablauf. Da die Nachbarschaft mit eingehenden OSPF-Hello-Paketen beginnt, geben die Befehle im Ausführungsmodus Einblick in das Geschehen der empfangenen Hello-Pakete.

```
debug ospf packet hello recv
```

Wohin soll OpenWrt die debug-Ausgabe schicken? Aus den Möglichkeiten von STDOUT, Syslog oder einer Datei leitet der folgende Befehl die Meldungen an den Syslog-Prozess.

```
log syslog debugging
```

Damit sind die Meldungen ebenfalls über die Weboberfläche LuCI lesbar. Und genau hier wird der Suchende fündig, denn für jedes eingehende problematische Paket meldet OpenWrt die genaue Ursache.

```
Mon Jun 15 22:12:54 2020 daemon.warn ospfd[6923]: interface \
  eth3: 192.0.2.1: auth-type mismatch, local Null, \
  rcvd Cryptographic
Mon Jun 15 22:12:54 2020 daemon.debug ospfd[6923]: \
  ospf_read[192.0.2.4]: Header check failed, dropping.
```

Der lokale Router 192.0.2.1 verwendet *keine* Authentifizierung (*local Null*), während das eingehende Paket von 192.0.2.4 signiert ist (*rcvd Cryptographic*). Und folgerichtig lässt der OSPF-Prozess das Paket unverarbeitet fallen (*dropping*).

Hinweis

Die debug-Session endet nicht automatisch, sondern erwartet einen Befehl für den Abschluss:

```
no debug ospf packet hello recv
```

Das aufgeführte Beispiel beschränkt sich auf Hello-Pakete. Die Debug-Abteilung liefert weitere Echtzeitinformationen zu Netzadaptern, Timer, Link-State-Ankündigungen, Nachbarschaften oder listet die übermittelten und empfangenen OSPF-Pakete. Bei OSPFv3 sind die Auswahlmöglichkeiten sogar noch umfangreicher.

Achtung

Wenn der Router seine Logmeldungen an einen entfernten Syslogserver sendet, sind davon auch Debug-Meldungen betroffen. Wenn viele Debug-Themenbereiche ausgewählt sind, könnte dadurch eine erhöhte CPU-Last entstehen.

Die Debug-Meldungen verbleiben im lokalen Router, wenn die Debug-Ausgabe in einer Textdatei landet.

```
no log syslog debugging
log file /tmp/ospf.debug.txt
```

Die Anzeige der Nachrichten ändert sich zu:

```
tail -f /tmp/ospf.debug.txt
```

Technischer Hintergrund

Die Mannschaft der Routingprotokolle in OpenWrt baut auf die *Quagga Routing Suite* [2]. Das gilt für die bekannten Spieler OSPFv2 und OSPFv3, aber auch für die nicht erwähnten Reservespieler RIP und BGP.
Quagga ist eine vollständige Routingsoftware, die unabhängig von OpenWrt ist. Sie funktioniert auf BSD und Linux und stellt für die gängigsten Distributionen vorkompilierte Pakete bereit.
Die Architektur von Quagga ist modular: Jedes Routingprotokoll bekommt seinen eigenen Dienst, z. B. `ospf6d` für OSPFv3. Die Prozesse kommunizieren mit dem zentralen Dienst `zebra`, den die Dokumentation passend als „IP Routing-Manager" betitelt. `zebra` berichtet die Änderungen im Routing direkt an den Kernel, welcher die Routingtabelle entsprechend aktualisiert. Die Routing-Dämonen von Quagga orientieren sich in Syntax und Funktionalität stark am Hersteller Cisco. Die IOS-ähnliche Syntax unterscheidet sich stark von der Befehlslogik des UCI, sodass ein OpenWrt-Router mit Quagga zwei verschiedene Konfigurationsebenen schafft.

Die Ursache für den veralteten MD5-Algorithmus zur Authentifizierung von Nachbarn liegt im ursprünglichen RFC 2328 von OSPF. Dieser stammt aus dem Jahr 1998 und listet als höchstes Sicherheitsniveau MD5. Zwanzig Jahre später ist MD5 in vielen Produkten gar nicht mehr enthalten und auch OSPF hat sich in RFC 5709 weiterentwickelt. Dort erhält das Protokoll Unterstützung für SHA-1 bis SHA-512, aber leider steht dieses RFC nicht mal auf der Roadmap von Quagga.

Zusammenfassung

Das Routingprotokoll OSPF ist eine gängige Methode zur Lastverteilung, zum Ausfallschutz und zum Verteilen von IP-Informationen in verstreuten Netzbereichen. Es baut zwischen den Routern feste Beziehungen auf und prüft regelmäßig ihren Zusammenhalt. Darüber tauschen die Nachbarn ihre Informationen aus und berechnen aus allen Fakten die Pfadinformationen im Netz und befüllen damit ihre Routingtabelle.
Das Protokoll unterteilt sich in Version 2 für IPv4 und Version 3 für IPv6, wobei OpenWrt beide Versionen bedient. OSPF skaliert sehr gut, wenn das Netzdesign Areas einsetzt und IP-Bereiche zusammenfasst.

Die Implementierung bei IPv4 ist exzellent und bei der Fehlersuche gibt es viele Schalter, um die Logfreudigkeit erheblich zu erweitern.
Bei IPv6 gibt es noch deutliche Lücken, die leider recht langsam gestopft werden. Die vollständige Unterstützung von Areas fehlt bei OSPFv3 – und damit auch die Skalierbarkeit. Der produktive Einsatz in größeren Netzen sollte gut überlegt und getestet sein, bis die Einschränkungen bekannt und akzeptiert sind.

Kapitel 3

Hochverfügbarkeit

Router fallen manchmal aus. Und dann erfüllen sie ihre fundamentalste Aufgabe nicht mehr, die darin besteht, Netzwerke zu verbinden.
Und Router fallen genauso gerne aus wie andere elektronische Geräte. Das ist eine akzeptierte Tatsache und aus diesem Grund haben High-End-Router zusätzliche Netzteile, Lüfter, CPUs oder Uplinks. In den unteren Preissegmenten hilft man sich in der Regel damit, dass mehrere Router als Gruppe (engl. Cluster) zum Einsatz kommen. Dann entsteht ein Cluster für Hochverfügbarkeit und Ausfallschutz.
Innerhalb der Router-Gruppe einigen sich die Geräte darauf, dass *ein* Router die Arbeit verrichtet und der andere zuschaut und beobachtet. Die Beobachtungen des passiven Routers sind wichtig, denn dieser übernimmt die Geschäfte, sobald er bemerkt, dass sein Partner defekt ist.

Grundlagen

Technisch läuft das in geordneten Bahnen ab, denn alle Router der *Redundanz-Gruppe* müssen sich an das gemeinsame Protokoll halten. OpenWrt unterstützt das *Virtual Router Redundancy Protocol* (VRRP) nach RFC 3768.

Sobald VRRP auf einem Router eingerichtet ist, horcht dieser an seinen Netzwerkinterfaces auf Lebenszeichen anderer VRRP-Router. Der erste Router der Gruppe macht sich selber zum Master und sendet Lebenszeichen

im Sekundentakt ins Netz. Der zweite Router derselben Gruppe empfängt diese Keepalives und bleibt im Backup-Modus: nichts tun und warten.
Sobald der Backup-Router drei Herzschläge lang nichts von seinem Meister hört, muss er von einer Havarie ausgehen und macht sich selber zum Master. Dann beginnt die Arbeit, denn er muss alle Aufgaben vom ehemaligen Chef übernehmen. Und das so schnell wie möglich, damit das Tagesgeschäft normal weitergehen kann.
Wer erzählt jetzt den anderen Geräten im Netz, dass ein neuer Router am Start ist? Niemand, denn dieser neue Router übernimmt auch die IP- und MAC-Adresse der Redundanzgruppe. Für die anderen Teilnehmer im Netz hat sich (außer einer kurzen Unterbrechung) nichts verändert.
Die Lebenszeichen, Heartbeats oder Keepalives, sind IPv4-Pakete an die Multicast-Adresse 224.0.0.18. In diesen Paketen steht die virtuelle IPv4-Adresse, die sich alle VRRP-Router teilen. Außerdem hat jede Redundanzgruppe eine eigene Nummer, damit mehrere VRRP-Gruppen im selben Netzsegment aktiv sein können.

Labor

Das Demo-Lab stellt drei Router, von denen zwei (RT-1 und RT-2) zusammen ein VRRP-Cluster bilden. Abbildung 3.1 zeigt den Aufbau als Netzdiagramm.

Alle Teilnehmer von Standort-1 nutzen als Standardgateway weder die IPv4-Adresse von RT-1, noch die von RT-2, sondern die *zusätzliche* Adresse 10.1.1.5, die der VRRP-Gruppe gehört. Das ist die LAN-Seite der Geräte – auf der WAN-Seite bilden die Router neben ihren bekannten IP-Adressen ebenfalls eine zusätzliche VRRP-Adresse. Damit der Ausfallschutz funktioniert, muss das VRRP-Cluster aus beiden Richtungen über die virtuellen Adressen angesprochen werden.
Auf der WAN-Seite verbindet Router RT-4 das VRRP-Pärchen mit seinem Standort-4, welcher Ziel des Netzverkehrs von Standort-1 wird.
Die Router beginnen ihren Einsatz *ohne* eine Firewallrichtlinie. Dazu sind die Schnittstellen entweder in der *lan*-Zone oder bleiben im Zustand *unspezifiziert*. Erst ab Seite 68 erhalten die Router ein Regelwerk mit Adressumsetzung.

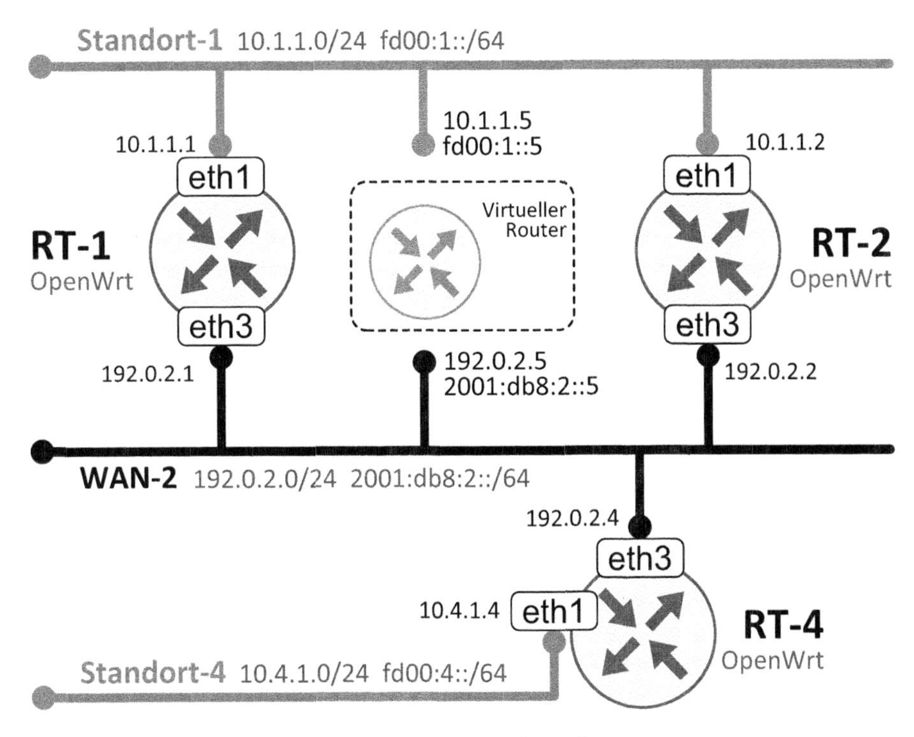

Abbildung 3.1: Laboraufbau für VRRP

Mit dem geplanten Setup weicht dieses Kapitel von der Vorlage auf Seite 11 ab. Ausnahmsweise wird Router RT-2 umfunktioniert und sitzt hier parallel zu RT-1, um ein Router-Cluster zu bilden.

Vorbereitung

Die VRRP-Funktionalität ist in OpenWrt nicht eingebaut, sondern kommt als Softwarepaket *keepalived* dazu.

```
opkg update
opkg install keepalived
```

Unter OpenWrt 19.07.4 ist die Integration von *keepalived* (Version 2.0.18-2) noch nicht vollständig, sodass mit den Befehlen aus Listing 3.1 nachgebessert werden muss. Zukünftige Versionen von OpenWrt und *keepalived*

```
1  cat <<EOF >> /etc/init.d/keepalived
2  shutdown() {
3    procd_send_signal keepalived term
4  }
5  EOF
6  sed -i -e '
7  s!^KEEPALIVED_CONF=.*!KEEPALIVED_CONF=/etc/keepalived/keepalived.conf!
8  ' /etc/init.d/keepalived
9  ln -s /var/run /run
```

Listing 3.1: Die Befehle machen *keepalived* fit für OpenWrt

sollten diese Nachbesserung überflüssig machen. Die Anweisungen in den Zeilen 1 bis 5 rüsten das Startskript nach, sodass der Dienst stoppen kann. Um die richtige Konfigurationsdatei kümmert sich der `sed`-Befehl ab Zeile 6. Zuletzt bietet Zeile 9 den Pfad `/run`, damit der Dienst seine PID-Dateien ablegen kann.

Einrichtung

Die Konfiguration von *keepalived* hat es (noch) nicht in die Weboberfläche geschafft, sodass alle Anweisungen als UCI-Befehle formuliert sein müssen. Im ersten Schritt erwartet der VRRP-Dienst von Router RT-1 die Angabe der virtuellen IP-Adresse als `ipaddress`-Objekt.

```
uci add keepalived ipaddress
uci set keepalived.@ipaddress[-1].name='ipaddress0'
uci set keepalived.@ipaddress[-1].address='10.1.1.5/24'
uci set keepalived.@ipaddress[-1].device='eth1'
uci set keepalived.@ipaddress[-1].scope='global'
```

Die folgende VRRP-Instanz verwendet die virtuelle Adresse und macht Router RT-1 damit zum VRRP-Router.

```
uci add keepalived vrrp_instance
uci set keepalived.@vrrp_instance[-1].name='LAN'
uci set keepalived.@vrrp_instance[-1].interface='eth1'
uci set keepalived.@vrrp_instance[-1].virtual_router_id=10
uci add_list keepalived.@vrrp_instance[-1]. \
  virtual_ipaddress='ipaddress0'
```

> **Hinweis**
>
> Jede VRRP-Instanz hat eine Router-ID, die auf beiden Routern identisch sein muss.

Zum Abschluss bestätigt UCI die Änderungen und der *keepalived*-Dienst beginnt mit seiner Arbeit.

```
uci commit
service keepalived restart
```

Anschließend beginnt RT-1 mit dem Aussenden von Heartbeats auf seiner LAN-Schnittstelle. Für RT-2 sind die Befehle identisch. Wenige Sekunden danach haben sich die beiden VRRP-Kandidaten darauf geeinigt, wer der Chef ist und wer der Assistent. In diesem Beispiel hat RT-2 gewonnen und fühlt sich in der Masterrolle:

```
root@RT-2:~# kill -USR1 $(cat /tmp/run/keepalived.pid)
root@RT-2:~# cat /tmp/keepalived.data
[...]
------< VRRP Topology >------
 VRRP Instance = LAN
   VRRP Version = 2
   State = MASTER
   Wantstate = MASTER
[...]
```

Bei Router RT-1 sieht die Ausgabe ganz ähnlich aus, nur bei *State* sollte BACKUP stehen.

```
root@RT-1:~# kill -USR1 $(cat /tmp/run/keepalived.pid)
root@RT-1:~# cat /tmp/keepalived.data
[...]
------< VRRP Topology >------
 VRRP Instance = LAN
   VRRP Version = 2
   State = BACKUP
   Master router = 10.1.1.2
   Master priority = 100
   Wantstate = BACKUP
[...]
```

Falls dort ebenfalls MASTER angegeben ist, sind beide Router in der Masterposition und streiten sich um die virtuelle IP-Adresse. Dieser Zustand darf

im normalen Betrieb nicht vorkommen, da es auf Clientseite meist zu Programmabbrüchen führt.
Beide Router werden zum MASTER, wenn sie die Lebenszeichen des anderen *nicht* hören. Die Fehlersuche beginnt bei der Kommunikation der Router untereinander mithilfe von `ping` auf die physische IPv4-Adresse des VRRP-Partners.

Sobald sich MASTER und BACKUP geeinigt haben, kommen die WAN-Adapter dran. Der Ablauf unterscheidet sich dabei nicht von der LAN-Seite. In Listing 3.2 entsteht eine virtuelle IPv4-Adresse für den WAN-Adapter von RT-1. Auch hier unterscheidet sich die Konfiguration für RT-2 lediglich durch die Router-ID.

```
uci add keepalived ipaddress
uci set keepalived.@ipaddress[-1].name='ipaddress1'
uci set keepalived.@ipaddress[-1].address='192.0.2.5/24'
uci set keepalived.@ipaddress[-1].device='eth3'
uci set keepalived.@ipaddress[-1].scope='global'

uci add keepalived vrrp_instance
uci set keepalived.@vrrp_instance[-1].name='WAN2'
uci set keepalived.@vrrp_instance[-1].interface='eth3'
uci set keepalived.@vrrp_instance[-1].virtual_router_id=30
uci add_list keepalived.@vrrp_instance[-1]. \
  virtual_ipaddress='ipaddress1'
```

Listing 3.2: Router RT-1 und RT-2 teilen sich eine virtuelle IP-Adresse

Nach einem Neustart von *keepalived* ist die Ersteinrichtung abgeschlossen.

Funktionstest

Ob die beiden VRRP-Router zuverlässig zusammenarbeiten, kann die Ende-zu-Ende-Verbindung von einem Client in Standort-1 durch die Router zu Standort-4 mit `traceroute` anschaulich prüfen. Denn `traceroute` ermittelt, welchen Weg ein Paket durchs Netz nimmt und zeigt in der folgenden Ausgabe, dass RT-2 für die Weiterleitung zuständig ist.

```
root@labsrv:~# traceroute -I 10.4.1.25
traceroute to 10.4.1.25 (10.4.1.25), 30 hops max, 60 byte packets
 1  rt2-eth1 (10.1.1.2)  0.305 ms  0.274 ms  0.307 ms
 2  rt4-eth3 (192.0.2.4)  0.667 ms  0.673 ms  0.604 ms
 3  client25 (10.4.1.25)  0.687 ms  0.816 ms  0.808 ms
```

Nachdem dieser Normalzustand herrscht, passiert ein erster simulierter Routerausfall. Der Masterrouter RT-2 erfährt einen plötzlichen Stromausfall oder die virtuelle Maschine wird gestoppt.
Was passiert? RT-1 empfängt keine Lebenszeichen mehr und ernennt sich nach wenigen Sekunden zum Meister. Dasselbe `traceroute`-Kommando zeigt nun den geänderten Pfad durch RT-1 bis zum Ziel.

```
root@labsrv:~# traceroute -I 10.4.1.25
traceroute to 10.4.1.25 (10.4.1.25), 30 hops max, 60 byte packets
 1  rt1-eth1 (10.1.1.1)  0.623 ms  0.582 ms  0.555 ms
 2  rt4-eth3 (192.0.2.4)  0.819 ms  0.847 ms  0.877 ms
 3  client25 (10.4.1.25)  1.057 ms  1.155 ms  1.120 ms
```

Zustandslos

Wenn kein Traffic im Netz ist, bemerkt auch kein Client den Ausfall von Router RT-2. Aber was passiert während eines Dateitransfers?
Wie sich ein unterbrochener Transfer verhält, hängt ganz von der Anwendung und den Timeouts ab. Ein beispielhafter Webdownload von einem Rechner in Standort-1, der auf eine Maschine in Standort-4 als HTTP-Server zugreift, kommt während des Ausfalls ins Stocken, läuft aber nach wenigen Sekunden weiter.

```
root@labsrv:~# wget -O/dev/null http://10.4.1.25/openwrt-sdk.tgz
```

Im Moment ist die Konfiguration der Laborgeräte noch ziemlich weltfremd, da alle Router jeden Traffic uneingeschränkt weiterreichen und zustandslos arbeiten. In Unternehmensnetzen gibt es jede Menge Hindernisse, wie Adressumsetzung (NAT) oder Firewallregeln, die sich den Zustand jeder Verbindung merken.

Firewall und NAT

Ein Router mit Kontakt zum Internet hat normalerweise einen Paketfilter an Bord. Höchstwahrscheinlich ist auch noch NAT dabei, um von privaten Adressen in öffentliche zu übersetzen.
Um das Labornetz etwas realitätsnäher zu gestalten, erhalten die VRRP-Router ein kleines Firewallregelwerk und eine Adressumsetzung vom internen Netz 10.1.1.0/24 in die passende öffentliche IPv4-Adresse. Bei dieser Aufgabe kann LuCI unterstützen und die WAN-Adapter in die Firewallzone *wan* einsortieren.
Damit die Router anschließend gegenseitig ihre VRRP-Pakete akzeptieren, benötigt die Firewall eine Ausnahmeregel, die in Abbildung 3.2 dargestellt ist.

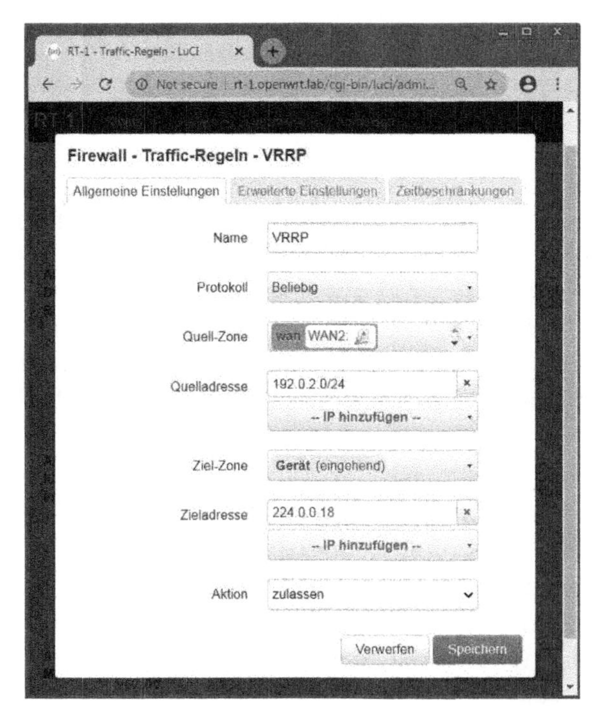

Abbildung 3.2: Die Firewallregel akzeptiert VRRP-Pakete

Bei der Adressumsetzung reicht diesmal das Häkchen *NAT aktivieren* nicht aus, da die Router nicht in die IP-Adresse der WAN-Schnittstelle übersetzen sollen, sondern in die virtuelle IP-Adresse der VRRP-Instanz. Hier benötigt die Firewall eine weitere Regel unter *Netzwerk → Firewall → NAT-Regeln*, die über die Aktion *SNAT* gezielt in die VRRP-IPv4-Adresse 192.0.0.5 übersetzt (Abbildung 3.3).

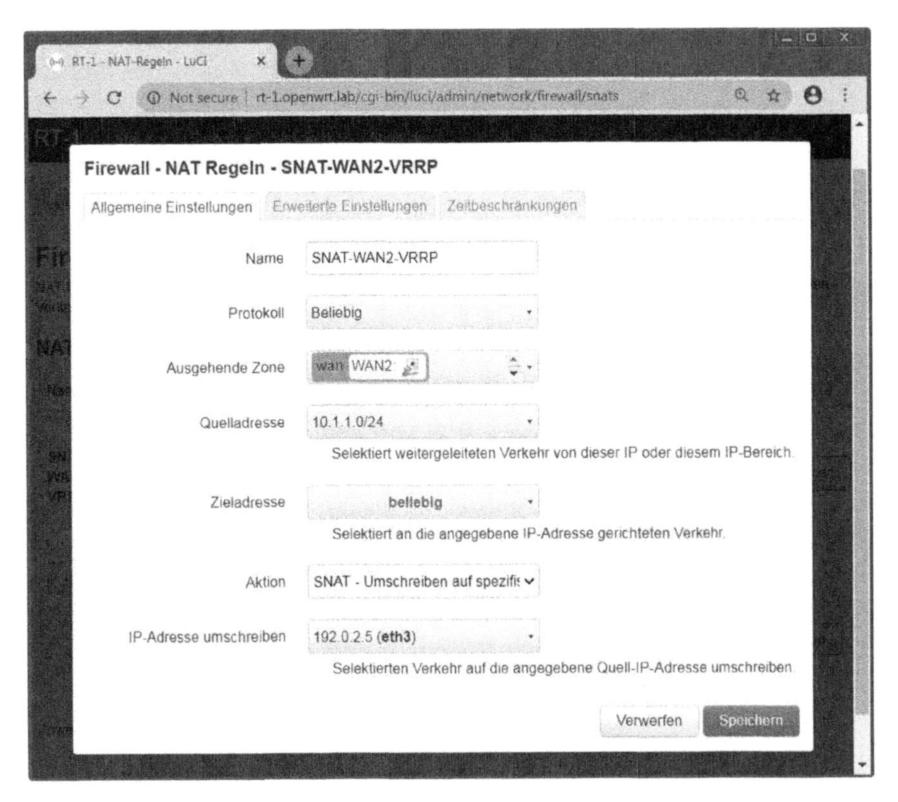

Abbildung 3.3: Die Firewall übersetzt in die virtuelle IPv4-Adresse

Jetzt müssen die Router genau Buch führen: Welches (Antwort-)Paket muss die Firewall akzeptieren und welche IP mit welchem Port wird wie übersetzt.
Beim Ausfall vom Master-VRRP-Router wird ein Datentransfer zwischen den Standorten erst stocken und nach dem Schwenk auf den Backup-Router abbrechen. Die Ursache liegt in den Firewall- und NAT-Tabellen vom Backup-Router. Denn diese sind leer.

Zustandstabellen

Eine Zustandstabelle ist grundsätzlich eine feine Sache: Sie listet alle bestehenden Verbindungen, die durch den Router fließen. Paketfilter und Adressumsetzer schauen für jedes Paket in diese Tabelle, um zu erfahren, ob das Paket zu einer bestehenden Verbindung gehört und weiter behandelt werden darf.
Bei *einem* Router ist das eine Verbesserung der Sicherheit. Bei mehreren Routern besteht das Problem, dass jeder Router seine eigene Tabelle pflegt. Bei VRRP hat der Master-Router eine volle Tabelle und die Tabelle des Backup-Routers ist leer, denn er hat noch keine einzige Verbindung gesehen.

Synchronisation der Tabellen

OpenWrt löst das Problem der unterschiedlichen Tabelleninhalte durch den Connection-Tracking-Dienst. Damit teilt der VRRP-Master sein Wissen über die Zustandstabelle mit dem Backup-Router. In kurzen Abständen sendet der Master-Router Änderungen seiner Tabelle an eine frei wählbare IP-Adresse, sodass der Backup-Router seine lokale Tabelle entsprechend ergänzen kann. Das Ziel ist, dass alle Router im VRRP-Cluster denselben Inhalt in ihren Firewall- und NAT-Tabellen haben.
Falls für die Synchronisation ein eigenes Netzsegment zur Verfügung steht, umso besser. Denn der Abgleich zwischen den Routern muss in Echtzeit passieren. Eine zehn Sekunden alte Firewalltabelle hilft nicht viel bei Verbindungen, die innerhalb der letzten neun Sekunden aufgebaut wurden.

Der Connection-Tracking-Dienst ist ein Zusatzprodukt, welches über den Paketmanager in beiden Routern RT-1 und RT-2 installiert werden muss.

```
opkg install conntrackd
```

Leider kommt `conntrackd` ohne Integration für UCI oder LuCI, und eine Beispielkonfiguration sucht man vergebens. Die Konfiguration aus Listing 3.3 ist minimalistisch und enthält keine Optimierung von Puffern oder Timeouts. Der Inhalt passt zum Labornetz und ist für beide Router identisch.
Der Austausch von Tabelleninhalten passiert über das Interface *eth1*, welches eine zuverlässige Verbindung zwischen RT-1 und RT-2 darstellt. Die

Multicast-Adresse ist beliebig. Der Bereich für administrative Zwecke ohne vorherige Registrierung ist 239.0.0.0/8, und daraus stammt die willkürlich gewählte 239.22.6.1.
Sobald der Inhalt aus Listing 3.3 seinen Weg in die Datei

```
/etc/conntrackd/conntrackd.conf
```

gefunden hat, kann der Tracker seinen Dienst antreten:

```
service conntrackd start
```

```
Sync {
  Mode FTFW {
    DisableExternalCache Off
    CommitTimeout 1800
    PurgeTimeout 5
  }
  Multicast {
    IPv4_address 239.22.6.1
    Group 3780
    IPv4_interface 10.1.1.1
    Interface eth1
  }
}

General {
  HashSize 32768
  HashLimit 131072
  LogFile off
  Syslog on
  LockFile /tmp/lock/conntrack.lock
  UNIX {
    Path /var/run/conntrackd.ctl
  }
  Filter From Userspace {
    Protocol Accept {
      tcp
      udp
    }
    Address Ignore {
      IPv4_address 127.0.0.1    # loopback
      IPv4_address 10.1.1.1     # RT-1:eth1
      IPv4_address 10.1.1.2     # RT-2:eth1
    }
  }
}
```

Listing 3.3: Der Connection-Tracking-Dienst synchronisiert die Tabellen

Jetzt lernen die OpenWrt-Router gegenseitig ihre Tabelleninhalte. Für VRRP würde es ausreichen, wenn nur der Backup-Router vom Master lernt und nicht umgekehrt. Allerdings ist die gegenseitige Synchronisierung sinnvoll, da die Master-Rolle zwischen den Routern wechseln kann.

OpenWrt unterscheidet zwischen *eigenen* Verbindungen und *fremden* Verbindungen. Fremde Verbindungen stehen im externen Cache und wurden anhand von `conntrackd` vom VRRP-Partner erlernt. Die eigenen Verbindungen stehen im internen Cache.
Folglich wandert der Inhalt vom internen Cache von RT-1 in den externen Cache von RT-2 und umgekehrt. Der Datentransfer aus dem Beispiel zwischen Standort-1 (10.1.1.7) und Standort-4 (10.4.1.25) läuft im Normalfall durch RT-2 und steht dort im internen Cache:

```
root@RT-2:~# conntrackd -i | grep 10.1.1.7
tcp      6 ESTABLISHED src=10.1.1.7 dst=10.4.1.25 sport=59534 \
  dport=80 src=10.4.1.25 dst=192.0.2.5 sport=80 dport=59534 \
  [ASSURED] [active since 27s]
```

Kurz nach Verbindungsaufbau lernt RT-1 diese Information und listet sie in seinem externen Cache:

```
root@RT-1:~# conntrackd -e | grep 10.1.1.7
tcp      6 ESTABLISHED src=10.1.1.7 dst=10.4.1.25 sport=59534 \
  dport=80 [ASSURED] [active since 36s]
```

Wenn VRRP ein Failover startet, muss der neue Master-Router den Inhalt seines externen Caches an den Kernel übergeben, damit die bestehenden IP-Verbindungen unterbrechungsfrei weiterlaufen können.
Die eingesetzten Tools können diesen Arbeitsschritt nicht selbstständig durchführen, denn Keepalived weiß nichts vom Connection-Tracking und `conntrackd` weiß nicht, wann ein Failover passiert.
Der Workaround liegt darin, dass Keepalived bei jeder Statusänderung das Skript `/etc/keepalived.user` aufruft und damit `conntrackd` von der geänderten Situation berichtet. In Listing 3.4 reagiert Keepalived auf die Änderung zum Master, lädt den externen Cache in den Kernel (Zeile 5), leert beide Caches (Zeile 6), befüllt den internen Cache aus dem Kernel (Zeile 7) und informiert den Backup-Router (Zeile 8). Das ausführliche Skript mit Kommentaren und Fehlerbehandlung ist über Anhang A erhältlich.

```
#!/bin/sh

case "$ACTION" in
  NOTIFY_MASTER)
    /usr/sbin/conntrackd -c
    /usr/sbin/conntrackd -f
    /usr/sbin/conntrackd -R
    /usr/sbin/conntrackd -B
    ;;
  NOTIFY_BACKUP)
    /usr/sbin/conntrackd -t
    /usr/sbin/conntrackd -n
    ;;
  *)
    logger "ERROR: unknown state transition ($ACTION)"
    exit 1
    ;;
esac
exit 0
```

Listing 3.4: Keepalived informiert `conntrackd` über das Failover

Wenn jetzt wieder ein unerwartetes Ereignis den Master-Router RT-2 außer Betrieb setzt, übernimmt RT-1 die VRRP-Rolle und das Routing der Verbindungen. Der Failover-Prozess dauert ein paar Sekunden, aber dann läuft der Datentransfer zwischen den Standorten weiter und steht im internen Cache von RT-1. Der Wechsel von externem zu internem Cache passiert, weil die Session nach dem Failover zu RT-1 gehört.

```
root@RT-1:~# conntrackd -i | grep 10.1.1.7
tcp      6 ESTABLISHED src=10.1.1.7 dst=10.4.1.25 sport=59534 \
  dport=80 src=10.4.1.25 dst=192.0.2.5 sport=80 dport=59534 \
  [ASSURED] mark=0 [active since 9s]
```

Best Practice

Asymmetrisches Routing

Wenn ein Paket auf dem Hinweg zum Server einen anderen Pfad nimmt als auf dem Rückweg, ist das Routing asymmetrisch. Theoretisch ist das kein Problem, aber in der Praxis verhindern zustandsorientierte Firewalls, NAT-Gateways oder IDS-Systeme eine erfolgreiche Verbindung.
Mit VRRP passiert sehr leicht ein asymmetrisches Routing. Diese Asymmetrie entsteht sogar im Labornetz, wenn RT-1 Master für die WAN-Seite ist und RT-2 Master für die LAN-Seite ist.

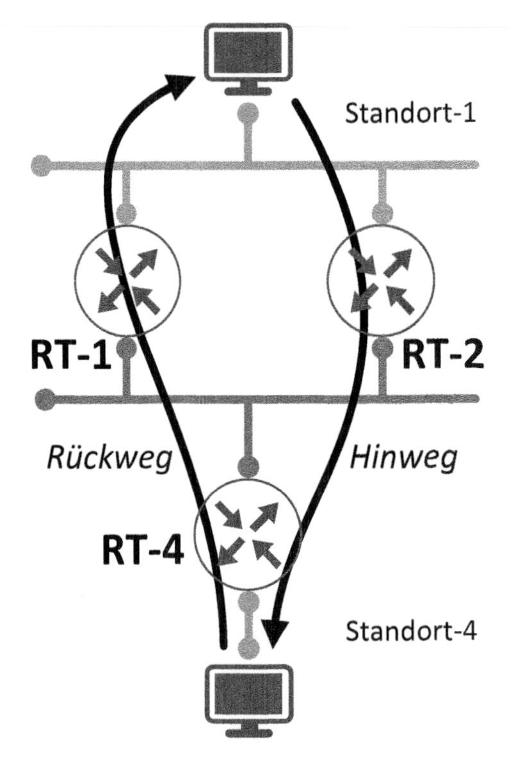

Abbildung 3.4: VRRP kann asymmetrisches Routing hervorrufen

In Abbildung 3.4 sendet ein Client aus Standort-1 Netzpakete an sein Default-Gateway, welches von RT-2 angenommen wird. Über RT-4 gelangt das Paket an sein Ziel in Standort-4. Der Weg zurück beginnt bei RT-4.

Dieser Router sendet weiter an die VRRP-Adresse und wird von RT-1 beantwortet. Router RT-1 weiß von dieser Verbindung nichts, weil er das erste Paket gar nicht gesehen hat, welches über RT-2 geroutet wurde. Wenn RT-1 als „dummer" Router agiert, leitet er die Pakete weiter zum Standort-1 und alles ist gut. Falls RT-1 aber *stateful* arbeitet, wird er alle unbekannten Pakete verwerfen. Dann verhindert asymmetrisches Routing die erfolgreiche Kommunikation zwischen den Standorten.

Damit dieser Fall nicht eintritt, hat OpenWrt Synchronisationsgruppen und Prioritäten im Portfolio. OpenWrt kann den VRRP-Routern eine Priorität mitgeben, sodass *derselbe* Router für alle VRRP-Gruppen Master wird. Damit ist und bleibt das Routing symmetrisch. Die Einrichtung von Prioritäten ist auf Seite 77 beschrieben.
Eine Sync-Gruppe bindet die beiden VRRP-Instanzen WAN2 (siehe Listing 3.2 auf Seite 66) und LAN zusammen. Passiert im WAN ein Ausfall und der VRRP-Master muss zum Backup-Router schwenken, wird er *absichtlich* auch im LAN seine Master-Rolle abgeben. Auf diese Weise ist immer *ein* Router der Master für beide Netzsegmente.
Die Synchronisationsgruppe aus Listing 3.5 bindet die beiden VRRP-Instanzen zusammen und bewirkt damit ein gemeinsames Failover. Der Einsatz von Sync-Gruppe empfiehlt sich für IPv4 und für IPv6 (vgl. Seite 80).

```
uci add keepalived vrrp_sync_group
uci set keepalived.@vrrp_sync_group[-1].name='VG_1'
uci add_list keepalived.@vrrp_sync_group[-1].group='LAN'
uci add_list keepalived.@vrrp_sync_group[-1].group='WAN2'
uci commit
service keepalived restart
```

Listing 3.5: Die Mitglieder der Sync-Gruppe machen ein gemeinsames Failover

Schnelleres Failover

Andere Redundanzprotokolle für Gateway-Failover erreichen Umschaltzeiten von unter einer Sekunde. Das Intervall für die Keepalives liegt dann im Bereich von wenigen hundert Millisekunden mit einem Timeout von einer knappen Sekunde.

Dieser Luxus ist bei VRRP erst ab der neueren Version 3 möglich. Die Dauer zwischen zwei Herzschlag-Paketen lässt sich bei VRRPv3 in den Millisekundenbereich reduzieren, wobei die untere Grenze bei 10 ms liegt.
Das folgende Beispiel wechselt in der ersten Instanz zu VRRP Version 3 und legt das Intervall der Keepalive-Pakete auf 300 ms (0,3 Sekunden). Das Timeout ist automatisch die dreifache Intervalldauer und errechnet sich auf 0,9 Sekunden.

```
uci set keepalived.@vrrp_instance[0].version=3
uci set keepalived.@vrrp_instance[0].advert_int='0.3'
```

Der Fokus von VRRPv3 liegt allerdings nicht bei einem schnellen Failover, sondern in der Unterstützung von IPv6. Die Einrichtung dazu beginnt ab Seite 80.

Besondere Protokolle

Protokolle mit separater Datenverbindung brechen selbst bei Verwendung der Sync-Gruppe ab. Denn Router können die zusätzliche Verbindung, wie sie bei FTP, SIP oder NFS Teil des Konzepts sind, nicht als solche erkennen. OpenWrt bietet selbst dafür Unterstützung und verwaltet diese Verbindungen in der erweiterten Tabelle *expect*. Allerdings müssen die Protokolle erst für den Tabellenabgleich aktiviert werden. Die Anweisungen aus Listing 3.6 ist ein *Zusatz* für die Konfigurationsdatei aus Listing 3.3 auf Seite 71. Nach

```
Sync {
  [...]
  Options {
    ExpectationSync on
  }
}
```

Listing 3.6: Der ExpectationSync beherrscht Multi-Flow-Anwendungen

dem Neustart von `conntrackd` nimmt dieser alle verfügbaren Protokolle in die Synchronisation auf. Unterstützt werden FTP, SIP, RAS, Q.931 und H.245.

Wahl zum Master

Grundsätzlich gewinnt der VRRP-Router mit der höchsten Priorität. Wenn beide Kandidaten die voreingestellte Priorität von 100 haben, gewinnt der Router mit der größeren IP-Adresse. Aus diesem Grund wird auch stets RT-2 der Master, weil seine IPv4 10.1.1.2 numerisch größer ist, als die von seinem Gegenkandidaten RT-1 mit 10.1.1.1. Auf der WAN-Seite ist das genauso.
Wenn RT-1 der bevorzugte Router sein soll, weil beispielsweise die Hardware leistungsstärker oder neuer ist, kann RT-1 die Wahl ganz schnell manipulieren.

```
uci set keepalived.@vrrp_instance[0].priority=200
uci set keepalived.@vrrp_instance[1].priority=200
```

Als Folge schwenkt die Masterrolle von RT-2 zu RT-1.

Lastverteilung

Bei VRRP ist immer nur *ein* Router der aktive Master. Eine Verteilung der Netzlast auf mehrere Geräte ist im Protokoll mit Tricks möglich.

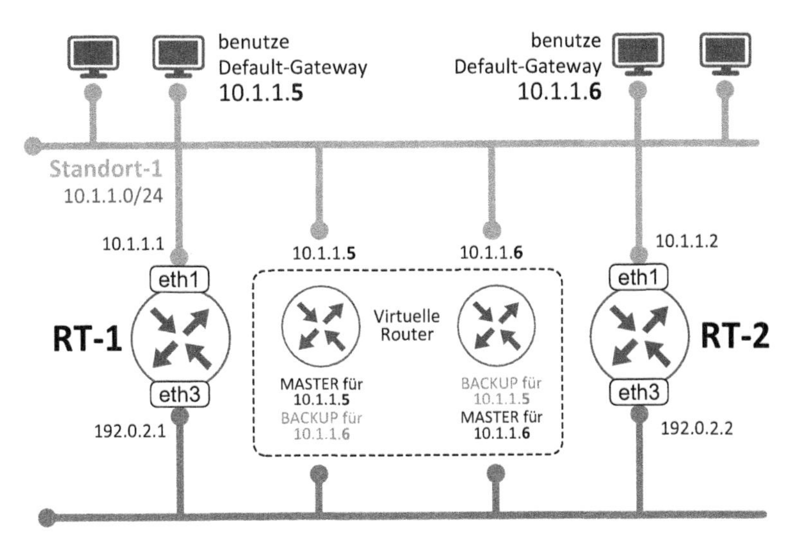

Abbildung 3.5: Lastverteilung mit VRRP

Für eine „Lastverteilung des kleinen Mannes“ (Abbildung 3.5) bekommen die Router eine weitere VRRP-Instanz pro Interface. In dieser neuen Instanz ist genau der Router Master, der in der ersten Instanz Backup ist.
Dem obigen Beispiel folgend ist RT-1 Master und RT-2 Backup der VRRP-Instanz 1. In der neuen VRRP-Instanz 2 ist RT-1 Backup und RT-2 der Master. Während Instanz 1 die IPv4-Adresse 10.1.1.5 bedient, könnte Instanz zwei zur Adresse 10.1.1.6 gehören. Der Trick besteht darin, dass die Hälfte der Clients in diesem Netzsegment ihr Standardgateway auf 10.1.1.5 stellen und die andere Hälfte 10.1.1.6 als Gateway nutzen.
Ob ein Router Master oder Backup wird, liegt an seiner Priorität, die über Konfigurationsbefehle voreingestellt wird. Der Ausgangswert ist 100. Die folgenden Kommandos auf RT-1 machen ihn zum Master für die vorhandene Instanz und zum Backup der neuen Instanz *LAN2*:

```
uci set keepalived.@vrrp_instance[0].priority=120

uci add keepalived ipaddress
uci set keepalived.@ipaddress[-1].name='ipaddress0b'
uci set keepalived.@ipaddress[-1].address='10.1.1.6/24'
uci set keepalived.@ipaddress[-1].device='eth1'
uci set keepalived.@ipaddress[-1].scope='global'

uci add keepalived vrrp_instance
uci set keepalived.@vrrp_instance[-1].name='LAN2'
uci set keepalived.@vrrp_instance[-1].interface='eth1'
uci set keepalived.@vrrp_instance[-1].priority=80
uci set keepalived.@vrrp_instance[-1].virtual_router_id=40
uci add_list keepalived.@vrrp_instance[-1]. \
  virtual_ipaddress='ipaddress0b'
```

Genau andersherum wird RT-2 der Backup-Router für die erste Instanz und der Master der zweiten Instanz (gekürzt):

```
[...]
uci set keepalived.@vrrp_instance[0].priority=80
uci set keepalived.@vrrp_instance[2].priority=120
```

Die genauen Zahlen für die Priorität sind nicht entscheidend. Hauptsache ein Router hat einen höheren Wert als der andere.
Damit teilen sich beide Router die Netzlast. Der Anteil jedes Routers ist nicht kontrollierbar: Im besten Fall arbeitet jeder Router genau 50% der

Pakete ab, im ungünstigsten Fall erhält RT-1 über 99% aller Verbindungen und RT-2 langweilt sich mit dem verbleibenden Prozent.

Eine echte Lastverteilung über mehrere Leitungen benutzt andere OpenWrt-Features und beginnt in Kapitel 6.

Sicherheit

In einer VRRP-Gruppe ist jeder Router willkommen. Ein unbekannter neuer Router mit höchster Priorität wird also ohne weitere Prüfung zum Gruppenmeister. Ein Angreifer mit VRRP im Gepäck erhält folglich ungefragt allen Netzverkehr zur Durchsicht und Weiterleitung.
So einfach darf es ein Angreifer nicht haben! Daher kommt eine erste Sicherheitsvorkehrung von VRRP ins Spiel: Authentifizierung. Alle vertrauenswürdigen Teilnehmer einer VRRP-Gruppe erhalten ein Kennwort. Das Kennwort ist Teil der versendeten VRRP-Pakete und wird beim Empfang überprüft.
OpenWrt macht die Konfiguration dieses Vorhabens denkbar einfach. Denn außer einem Passwort und der Authentifizierungsmethode wird nichts weiter benötigt.

```
uci add_list keepalived.@vrrp_instance[0].auth_type='PASS'
uci add_list keepalived.@vrrp_instance[0].auth_pass='OpenWrt3'
```

> **Hinweis**
>
> Die Länge des Kennworts ist auf acht Zeichen begrenzt. UCI akzeptiert längere Kennwörter, verwendet aber nur die ersten acht Zeichen für den *Authentication String* im VRRP-Paket.

Das Passwort und der Authentifizierungstyp müssen auf allen Routern einer VRRP-Instanz identisch sein. Nach dem folgenden `uci commit` und Neustart des `keepalived`-Dienstes sendet der Router bereits authentifizierte Pakete und erwartet ebenfalls authentifizierte Pakete. Sobald das Passwort im empfangenen VRRP-Paket mit dem konfigurierten Kennwort nicht übereinstimmt, *muss* der Router das fragwürdige Paket verwerfen.

Die Methode PASS schreibt das Kennwort im Klartext in die VRRP-Pakete und versendet es unverschlüsselt über das Netzwerk. Deutlich sicherer wird das Konzept, wenn das VRRP-Paket um einen *Authentication Header* (AH) ergänzt wird, der aus der Protokollfamilie IPsec stammt. Damit ist das Kennwort im VRRP-Paket nicht erkennbar, aber alle VRRP-Router können die Paketinhalte überprüfen. Der Einsatz von AH erfordert keinen Mehraufwand gegenüber PASS:

```
uci set keepalived.@vrrp_instance[0].auth_type='AH'
```

IP Version 6

In der Voreinstellung benutzt OpenWrt die VRRP Version 2, welche ausschließlich für IPv4 konzipiert ist. Die Unterstützung für IPv6 kam sechs Jahre später mit der Version 3. *Keepalived* unterstützt beide VRRP-Versionen und ist damit fit für IPv6.
Die neuere Version lässt sich mit dem UCI pro VRRP-Instanz aktivieren. Nach dem Versionswechsel und Neustart von Keepalived einigen sich die Router erneut auf die MASTER- und BACKUP-Rolle. Die Konfiguration ist jetzt bereit für virtuelle IPv6-Adressen.
Das Netzdiagramm in Abbildung 3.1 auf Seite 63 zeigt beim virtuellen Router in der Mitte die geplanten IPv6-Adressen. Listing 3.7 erstellt das IPv6-Objekt und weist es der neuen virtuellen Instanz zu. Die Konfiguration der WAN-Seite ist ähnlich und unterscheidet sich lediglich beim Namen, bei der Adresse und bei der Router-ID.

```
uci add keepalived ipaddress
uci set keepalived.@ipaddress[-1].name='ipaddress2'
uci set keepalived.@ipaddress[-1].address='fd00:1::5/64'
uci set keepalived.@ipaddress[-1].device='eth1'
uci set keepalived.@ipaddress[-1].scope='global'

uci add keepalived vrrp_instance
uci set keepalived.@vrrp_instance[-1].name='LAN-IP6'
uci set keepalived.@vrrp_instance[-1].interface='eth1'
uci set keepalived.@vrrp_instance[-1].virtual_router_id=10
uci set keepalived.@vrrp_instance[-1].version=3
uci add_list keepalived.@vrrp_instance[-1].virtual_ipaddress='ipaddress2'
```

Listing 3.7: *Keepalived* erhält virtuelle IPv6-Adressen

Zuletzt wird die neue Konfiguration mit dem bekannten Zweizeiler aktiviert.

```
uci commit
service keepalived restart
```

Genau wie bei IPv4 müssen die Nachbarn des VRRP-Pärchens dieses über die virtuelle IPv6-Adresse ansprechen. Das Standardgateway der Clients in Standort-1 ist damit fd00:1::5.

Bis auf die längeren IP-Adressen ist der Laboraufbau unverändert. Die beschriebenen Maßnahmen für Prioritäten, Lastverteilung, Sicherheit und Synchronisationsgruppen funktioniert ebenso für IPv6.
Beim Umschaltverhalten hat VRRPv3 nachgebessert und kann die Herzschlag-Pakete in Abständen von zehn Millisekunden aussenden. Die Einrichtung ist auf Seite 75 beschrieben.

Ausblick

Keepalived kann nicht nur Router hochverfügbar gruppieren, sondern auch Serverdienste, wie beispielsweise einen Webserver. Der Ablauf ist derselbe: Auf allen Servern im Verbund läuft der Webdienst, und Keepalived wählt einen MASTER aus, der die Web-Clients bedient. Fällt der primäre Server aus, schwenkt Keepalived die virtuelle IP-Adresse zu einem BACKUP-Server und der Webdienst ist wieder erreichbar.
Die Prüfung, ob der angebotene Dienst funktioniert, erfolgt über die Anweisung `track_script` in einer VRRP-Instanz oder -Gruppe. Dabei führt Keepalived regelmäßig ein Skript aus, welches analysiert, ob beispielsweise der Webserverprozess noch läuft oder die WAN-Verbindung intakt ist.
Nachdem das Skript seine Prüfung abgeschlossen hat, erstattet es Keepalived Bericht: Bei Rückgabecode null ist alles in Ordnung und bei Fehlercode 1 (oder größer) gibt es Probleme.
Für die VRRP-Instanz der WAN-Adapter fügen die folgenden Kommandos ein Prüfer hinzu, der im Fehlerfall ein Failover bewirken kann. Andersherum kann ein Skript Erfolg vermelden und ein Fail*back* auslösen.

```
uci add keepalived vrrp_script
uci set keepalived.@vrrp_script[-1].name='script1'
uci set keepalived.@vrrp_script[-1].script='/etc/keepalived/checker.sh'
uci set keepalived.@vrrp_script[-1].interval=5
uci add_list keepalived.@vrrp_instance[1].track_script='script1'
```

Die Benachrichtigung in Keepalived läuft über E-Mail. Die Konfiguration erfordert die Angabe eines E-Mail-Servers, die Absenderadresse und beliebig viele Empfänger. Anschließend schickt Keepalived E-Mails, wenn im Router-Cluster Bewegung auftritt.

```
uci set keepalived.@global_defs[0].notification_email_from= \
  'vrrp@rt1.example.net'
uci set keepalived.@global_defs[0].smtp_server='mail.example.net'
uci add_list keepalived.@global_defs[0].notification_email= \
  'der.openwrt.praktiker@gmail.com'
```

Wenn E-Mail nicht das passende Medium ist, kann Keepalived über die Notify-Funktion beliebige Aktionen ausführen. Eine solche Aktion kann den verantwortlichen Administrator eine Nachricht direkt auf sein Smartphone senden.
Am Beispiel vom Instant Messenger *Telegram* informiert Keepalived über die Skriptdatei `/etc/keepalived.user` (Listing 3.8) bei allen Statusänderungen der Sync-Gruppe.

```
#!/bin/sh
if [ "$TYPE" == "GROUP" ] ; then
  # Zugriff zur Telegram-API
  API_KEY="898796242:AAEUeM9WjxrBZ-oMtvbKX8mkJGs1un4Lv8s"
  CHAT_ID=273716448

  # Nachrichtentext erstellen
  MESSAGE="$HOSTNAME vrrp: Failover Gruppe $NAME ($ACTION)"

  # Nachricht an Telegram senden
  /usr/bin/curl --silent --ipv4 \
    --data "chat_id=$CHAT_ID&text=$MESSAGE" \
    https://api.telegram.org/bot$API_KEY/sendMessage >/dev/null
fi
```

Listing 3.8: *Keepalived* informiert bei Statusänderungen der Sync-Gruppe

In Abbildung 3.6 informiert Keepalived über die letzten Zustandswechsel. Das vollständige Skript ist über Anhang A verfügbar.

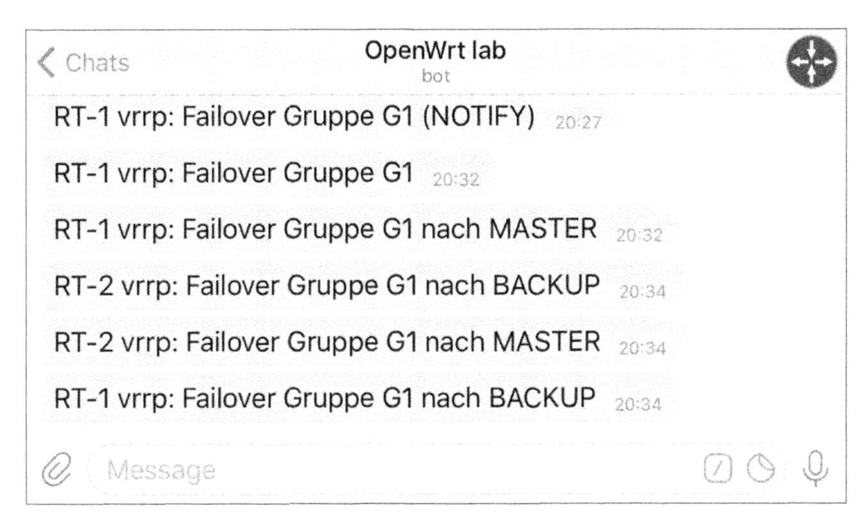

Abbildung 3.6: *Keepalived* alarmiert über Telegram

Technischer Hintergrund

OpenWrt setzt auf die Linuxsoftware *Keepalived* [3] um VRRP anzubieten. Die Entwickler von Keepalived beschäftigen sich seit dem Jahr 2000 mit der Implementierung von VRRP. OpenWrt nutzt die Keepalived-Version 2.0.18, welches zwar aus dem Jahr 2019 ist, aber beide VRRP-Versionen stabil implementiert.
Um die Synchronisation der Verbindungsdaten kümmert sich der Linuxdienst *conntrackd*, welcher aus der *netfilter*-Welt stammt. *conntrackd* beobachtet den lokalen Cache auf Session-Informationen und informiert seine Partner bei Änderungen. Die Unterscheidung nach internem und externem Cache stammt übrigens von conntrackd.

Zusammenfassung

Die Hochverfügbarkeit von Routern mit VRRP ist eine stabile und einfache Möglichkeit, die Ausfallzeit von Systemen gering zu halten. Der Zauber liegt in einem Routerpärchen: *Zwei* identische Geräte bilden den Router, wobei Gerät-1 die Arbeit erledigt und Gerät-2 übernimmt, sobald sein Kollege aufgibt.

Der Konfigurationsaufwand ist höher, denn Änderungen müssen stets auf *beiden* Routern erfolgen. Für die Ersteinrichtung und spätere Modifikationen steht nur die Kommandozeile mit UCI-Befehlen zur Verfügung – teilweise müssen die gewünschten Anweisungen sogar direkt in die Konfigurationsdatei der Software eingetragen werden.

Kapitel 4

OpenWISP

OpenWISP ist eine Managementsoftware für Netzwerkgeräte mit Fokus auf WiFi und OpenVPN. Sie kann die Konfiguration von vielen OpenWrt-Geräten erleichtern und automatisieren.
Die Software ist kostenlos und richtet sich an Betreiber von großen Infrastrukturen auf Basis von OpenWrt. Ursprünglich war OpenWISP ein Verwaltungstool für WiFi-Umgebungen und hat davon seinen Namen erhalten: *Wireless Internet Service Provider* (WISP). Über die Webseite von OpenWISP erstellt der Administrator die Konfiguration für eine Gruppe OpenWrt-Router. OpenWISP generiert daraus die entsprechenden UCI-Befehle und verteilt diese an die ausgewählten Router.

Installation

Der Anbieter von OpenWISP [4] liefert seine Software als Ansible Playbook aus. Damit ist die Installation etwas aufwendiger als mit einem regulären Paketmanager, da Ansible zuerst vorbereitet werden muss.
Für das Labornetz läuft OpenWISP auf dem Laborserver aus Abbildung 1 auf Seite 11. Dieser Server verwendet Debian, wobei OpenWISP auch Ubuntu und CentOS unterstützt.
Listing 4.1 enthält das Skript für die Installation. Der Laborserver erhält für seine neue Tätigkeit den Namen aus Zeile 6. Zur Vorbereitung benötigt der Rechner eine aktuelle Version von Ansible (Zeile 1) und das Playbook von OpenWISP (Zeile 2). Anschließend trägt sich der Server in den `hosts`-

Dateien des Systems ein. Das eigentliche Playbook entsteht ab Zeile 10. Es führt auf dem lokalen Rechner (Zeile 11) die Anweisungen der Rolle aus Zeile 14 aus, was später die Installation startet.
Da Ansible mit den Zielsystemen stets über SSH kommuniziert, muss ein passwortloses Login (Zeile 21) ohne weitere Rückfrage (Zeile 22) möglich sein.

```
1  apt install git ansible
2  ansible-galaxy install openwisp.openwisp2
3
4  cat <<EOF >> /etc/ansible/hosts
5  [openwisp2]
6  openwisp2.openwrt.lab
7  EOF
8  echo "127.0.0.1   openwisp2.openwrt.lab" >> /etc/hosts
9
10 cat <<EOF > playbook.yml
11 - hosts: openwisp2
12   become: no
13   roles:
14     - openwisp.openwisp2
15   vars:
16     openwisp2_default_from_email: "openwisp2@openwisp2.openwrt.lab"
17     openwisp2_language_code: "de-de"
18     openwisp2_time_zone: "Europe/Berlin"
19 EOF
20
21 cat ~/.ssh/id_rsa.pub >> ~/.ssh/authorized_keys
22 ssh-keyscan -H openwisp2.openwrt.lab >> ~/.ssh/known_hosts
```

Listing 4.1: Debian wird auf OpenWISP vorbereitet

Nach dieser Vorbereitung erledigt ein knapper Aufruf von Ansible die Installation von OpenWISP:

```
ansible-playbook playbook.yml
```

Nachdem Ansible die Software im System verteilt hat, steht die Weboberfläche unter `https://openwisp2.openwrt.lab/admin` bereit. Als Zugangsdaten verwendet OpenWISP *admin* als Benutzername und Kennwort. Damit ist die Managementsoftware einsatzbereit.

Auf den OpenWrt-Routern fehlt noch die Clientsoftware, die OpenWISP für die Kommunikation verwendet. Die Installation benötigt kein Ansible, sondern läuft über den Paketmanager von OpenWrt ab:

```
opkg update
opkg install openwisp-config-openssl
```

Auf der Kommandozeile muss einmalig pro Gerät eine Vertrauensstellung zwischen dem OpenWISP-Server und dem OpenWrt-Router entstehen. Listing 4.2 bereit die OpenWrt-Router darauf vor.

```
1  uci set openwisp.http.url='https://openwisp2.openwrt.lab'
2  uci set openwisp.http.verify_ssl='0'
3  uci set openwisp.http.shared_secret='der-openwrt-praktiker'
4  uci commit
5  service openwisp_config start
```

Listing 4.2: OpenWrt wird auf OpenWISP vorbereitet

Dazu muss der Router seinen OpenWISP-Controller per Hostnamen (Zeile 1) oder IP-Adresse kennen. Für den produktiven Einsatz sollte sich der OpenWISP-Server mit einem vertrauenswürdigen TLS-Zertifikat ausweisen. Wenn kein geeignetes Zertifikat verfügbar ist, kann OpenWrt per Zeile 2 auch ein selbstsigniertes Zertifikat akzeptieren. Für die gegenseitige Authentifizierung verwenden die Parteien einen Pre-shared Key (Zeile 3).

Einrichtung

Für die Konfiguration stellt OpenWISP eine Webseite bereit. Die Kernbereiche sind Organisationen (Organizations), Geräte (Devices) und Vorlagen (Templates). Die Devices sind OpenWrt-Router, die sich beim OpenWISP-Controller registriert haben. Sie erhalten ihre Konfiguration aus den Templates oder aus einer separaten „pro-Gerät"-Konfiguration. Über die Organisation können die Geräte in verschiedene Bereiche separiert werden, die unabhängig voneinander funktionieren.
Im ersten Schritt entsteht eine neue Organisation über die Webseite von OpenWISP unter *Users and Organizations* → *Organizations*. Für das Beispielnetz heißt die Organisation *Labor* und erhält als Pre-shared Key die

Zeichenkette aus Zeile 3 in Listing 4.2. Durch die Option *Auto-registration* wird ein registrierter Router automatisch bei *Devices* angezeigt. Ohne diese Option muss jeder OpenWrt-Router in OpenWISP manuell erstellt werden. Anhand des Pre-shared Keys hat sich der Router nicht nur authentifiziert, sondern der Controller weiß auch, zu welcher Organisation das Gerät gehört.
Nachdem sich Router RT-1 aus dem Labornetz bei OpenWISP registriert hat, kann der Controller auf dem Router Konfigurationsbefehle ausführen oder Dateien anlegen. Die Einrichtung beginnt bei *Network Configuration* → *Devices*. Ein Klick auf den Namen des Routers zeigt seine Eigenschaften. Hinter dem Register *Configuration* befindet sich endlich das Konfigurationsmenü. In Abbildung 4.1 soll der Router die angezeigte Zeitzone erhalten. Hinter dem Button *Preview configuration* und in Abbildung 4.2 verrät der Controller, welche UCI-Befehle er auf dem OpenWrt-Gerät ausführen wird.

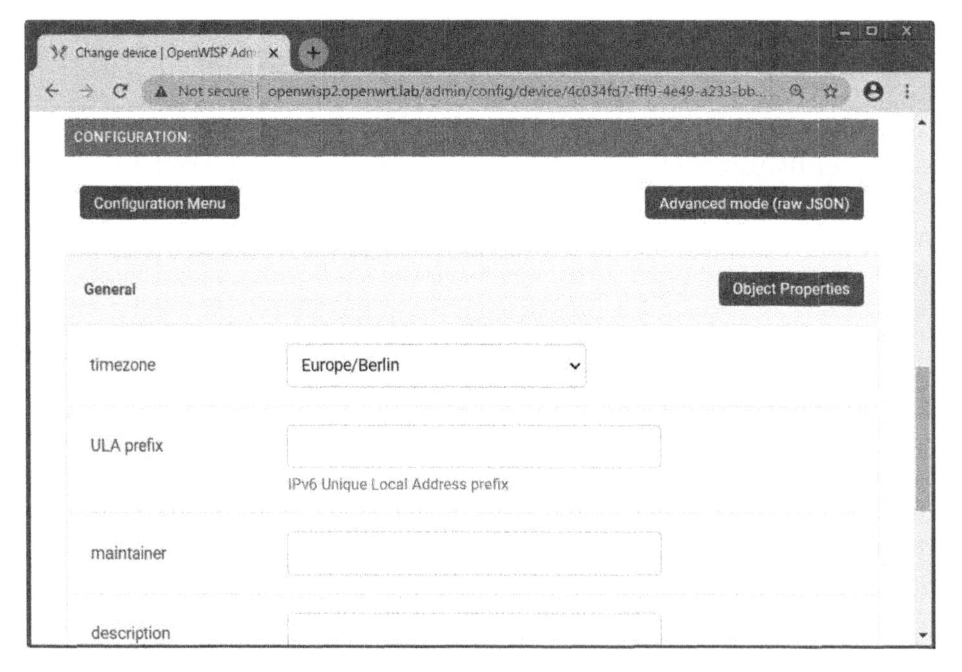

Abbildung 4.1: OpenWISP vergibt RT-1 eine neue Zeitzone

Nachdem die Änderungen mit einem der Speichern-Buttons bestätigt werden, wechselt der *Config status* zu „modified". Innerhalb der nächsten

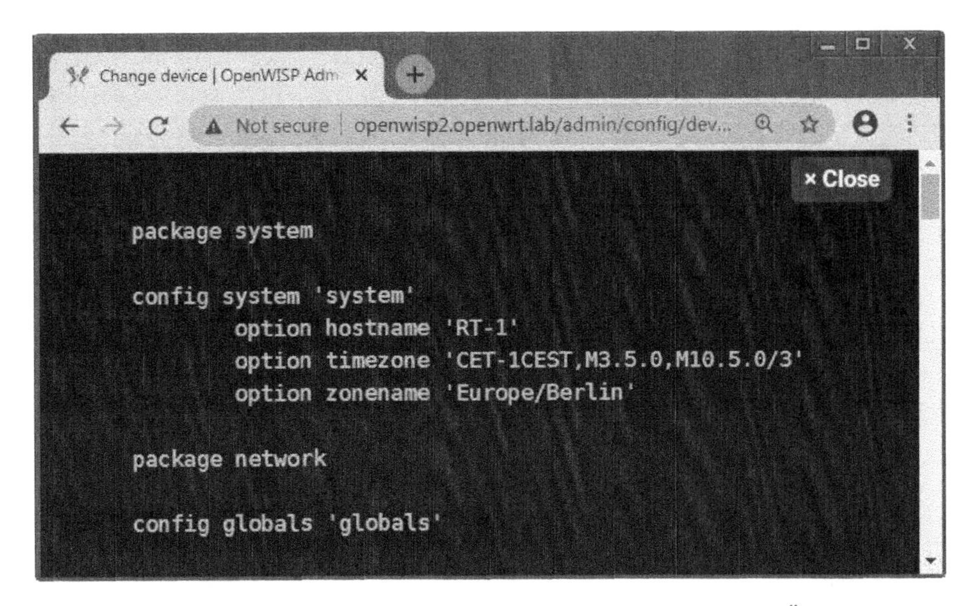

Abbildung 4.2: OpenWISP zeigt die UCI-Befehle der nächsten Änderung

Minuten gelangen die Befehle im Hintergrund an den Router. Im Erfolgsfall steht der *Config status* anschließend auf „applied“ und im Fehlerfall auf „error“.

Templates

Der vorherige Abschnitt zeigt, dass OpenWISP die Router von zentraler Stelle konfigurieren kann. Aber eine Arbeitserleichterung ist das kaum, denn bisher arbeitet OpenWISP nur als „verlängerte LuCI“. Die Magie von OpenWISP liegt in den *Templates*.
Ein Template ist eine Konfigurationsanweisung, die nicht auf einen bestimmten Router wirkt, sondern als *Vorlage* für mehrere Router zur Verfügung steht. Die gesamte Konfiguration für einen Router entsteht aus den Templates, die für ihn ausgesucht werden.
Hier wird die zeitsparende Arbeitsweise von OpenWISP deutlich: Ein neuer Router erhält in der Weboberfläche des Controllers seine Templates zugewiesen und kurz darauf befeuert OpenWISP das neue Gerät mit UCI-Befehlen. Das Ergebnis ist ein fertig eingerichteter OpenWrt-Router.

Der zweite Vorteil der Templates liegt in den Änderungen. Sobald sich im Template etwas ändert, erhalten *alle* Router diese Änderung, die diesem Template folgen. Ein neuer SSH-Schlüssel oder ein neues CA-Zertifikat ist damit in kürzester Zeit an alle Geräte verteilt.

Templates entstehen in OpenWISP-Controller unter *Home* → *Network Configuration* → *Templates*. Ein neues Template sollte stets einen geeigneten Namen haben, da die Geräte von den Vorlagen später nur den Namen sehen. Das Beispiel *timezone* aus Abbildung 4.3 legt die Zeitzone fest und synchronisiert die lokale Uhrzeit mit den NTP-Servern vom *NTP Pool Project*.

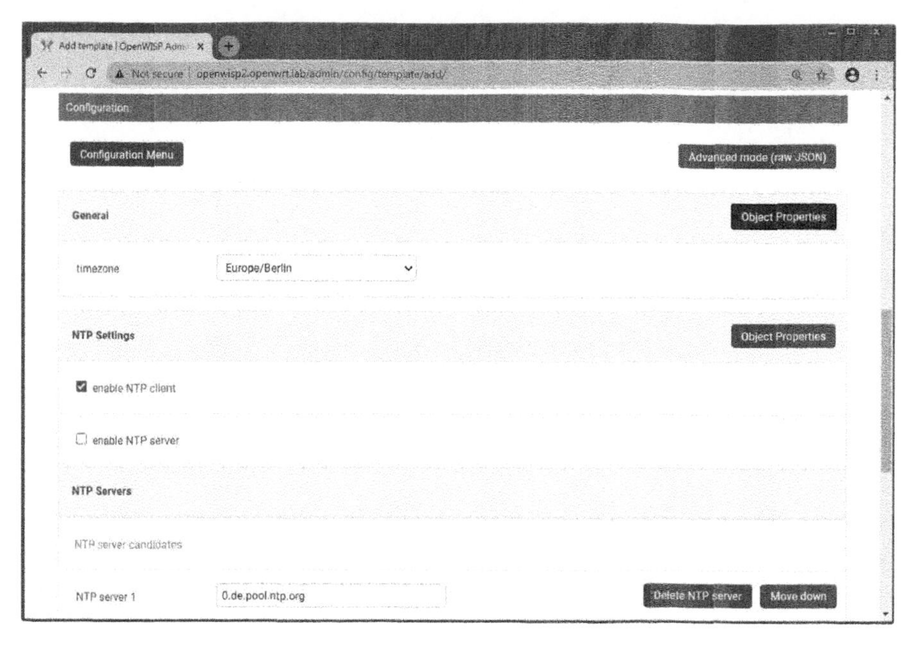

Abbildung 4.3: Das Template synchronisiert die Uhrzeit per NTP

Sobald das Template fertig ist und mit dem *Speichern*-Button gesichert ist, passiert erst mal nichts, denn das Template gehört noch zu keinem Router. In der Konfiguration der Devices ist das neue Template sichtbar und lässt sich sogleich auswählen (Abbildung 4.4). Die geplanten UCI-Befehle lassen sich erneut per Button *Preview configuration* anzeigen, *bevor* das Zielgerät die Änderungen erhält.

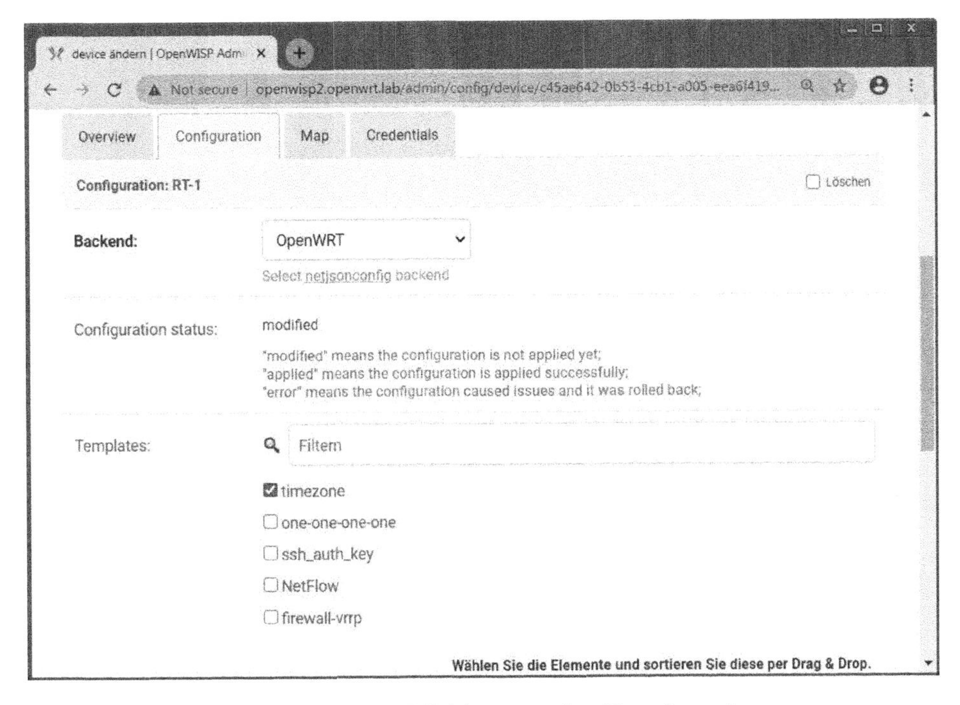

Abbildung 4.4: Router RT-1 benutzt das Template *timezone*

> **Hinweis**
>
> Ein Gerät erhält nicht automatisch ein neues Template, nur weil beide zur selben Organisation gehören. Jedes Template muss in den Konfigurationseinstellungen der Geräte einmalig aktiviert werden.

Nach dem abschließenden Speichern wird OpenWISP aktiv und sendet die Befehle im Hintergrund an den Router. Für OpenWrt macht es keinen Unterschied, ob die Konfigurationsänderung von einem Template stammt oder direkt am Device passiert.

> **Hinweis**
>
> Jedes Template hat die Option *Enabled by default*. Ist die Option aktiv, erhalten Geräte automatisch das jeweilige Template, die sich *neu* am OpenWISP-Controller registrieren.

Eigene Vorlagen

Die Templates in OpenWISP beschränken sich auf die Systemadministration, Netzwerkschnittstellen, WiFi, Routing, Dateien und OpenVPN. Für alle weiteren Bereiche von OpenWrt haben die Entwickler das offene Austauschformat *NetJSON* [5] für Netzwerkgeräte ins Leben gerufen. Diese Beschreibungssprache unterscheidet sich zwar von der UCI-Syntax, ist allerdings so vielseitig, dass sie alle Konfigurationsdirektiven von OpenWrt abbilden kann.
In den Eigenschaften jedes Templates führt der Button *Advanced mode (raw JSON)* zu einem Editor, der die Konfigurationsstruktur in NetJSON-Syntax erwartet. Listing 4.1 zeigt ein einfaches Beispiel im NetJSON-Format, und in Listing 4.2 folgt die Kommandostruktur als Konfigurationsdatei für `/etc/config/` eines OpenWrt-Routers.

Listing 4.1: Firewallregel als NetJSON

```
1  {
2   "firewall": [
3    {
4     "config_name": "rule",
5     "config_value": "",
6     "name": "VRRP",
7     "src": "wan",
8     "target": "ACCEPT",
9     "src_ip": [ "192.0.2.0/24" ],
10    "dest_ip": [ "224.0.0.18" ],
11    "proto": [ "all" ]
12   }
13  ]
14 }
```

Listing 4.2: Ergebnis als `config`-Datei

```
config rule

  option name 'VRRP'
  option src 'wan'
  option target 'ACCEPT'
  list src_ip '192.0.2.0/24'
  list dest_ip '224.0.0.18'
  list proto 'all'
```

Als Beispiel sollen alle Router ihre Verbindungsdaten per NetFlow an den Analyseserver senden (vgl. Kapitel 4 aus Band 2). Die notwendige Software *softflowd* ist bereits installiert und OpenWISP soll die Konfiguration verteilen. Auf dem OpenWrt-Router werden die folgenden Anweisungen in der Datei `/etc/config/softflowd` erwartet:

```
config softflowd
        option enabled '1'
        option export_version '9'
        option host_port '10.5.1.7:2055'
        option interface 'eth1'
```

Dieselbe Wirkung haben die NetJSON-Anweisungen in Listing 4.3. Zur Kontrolle zeigt der Button *Preview configuration* und Abbildung 4.5 die generierten UCI-Befehle.

```
{
    "softflowd": [
        {
            "config_name": "softflowd",
            "config_value": "",
            "host_port": "10.5.1.7:2055",
            "enabled": "1",
            "interface": "eth1",
            "export_version": "9"
        }
    ]
}
```

Listing 4.3: Templates lassen sich per NetJSON erweitern

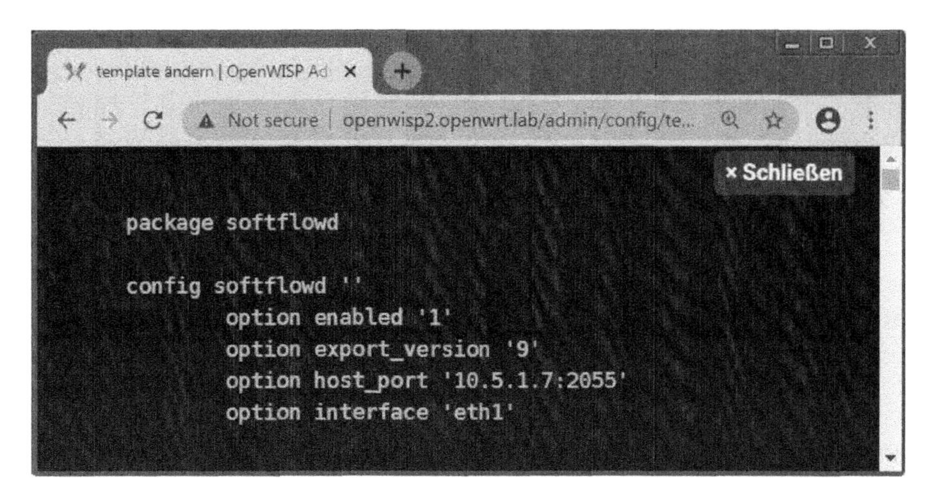

Abbildung 4.5: Das NetJSON-Template generiert Befehle für *softflowd*

Jedes Device in OpenWISP, welches das neue NetJSON-Template erhält, wird innerhalb der nächsten Minuten die neuen Befehle erhalten, den *softflowd*-Dienst starten und an den hinterlegten Analyserechner berichten.

Einschränkungen

Grundsätzlich beschäftigt sich OpenWISP nur mit der Konfiguration von OpenWrt-Routern. Zusätzlich dazu kann ein Template auch Dateien mit beliebigem Inhalt und passenden Berechtigungen anlegen.
Für die Installation von Software fühlt sich OpenWISP nicht zuständig, denn es fehlt die Fähigkeit, auf dem OpenWrt-System Befehle auszuführen. Das Beispiel aus Abschnitt *Eigene Vorlagen* auf Seite 92 funktioniert demnach nur, weil die verwendete Software bereits auf den Router installiert war.
Diese Einschränkung ist in der Community bereits aufgefallen, da Funktionen wie Update oder Reboot benötigt werden. Als Lösung haben die Entwickler ihre Roadmap erweitert und versprechen das Feature für eine zukünftige Version. Bis dahin erledigt das bereits installierte Ansible die Installation und Updates von Software unter OpenWrt.

Administration

Zu den wiederkehrenden Aufgaben der Softwareadministration gehören Updates, Sicherung, Dokumentation und Fehlersuche. Die Dokumentation liefert der Anbieter auf seiner Webseite und Troubleshooting folgt auf Seite 95.

Backup & Restore

OpenWISP speichert die angelegten Objekte der Webseite in einer SQLite-Datenbank. Der Inhalt dieser Datenbank lässt sich per `dump`-Befehl im Textformat ausgeben, was eine einfache Form der Datensicherung ist.

```
sqlite3 /opt/openwisp2/db.sqlite3 .dump > openwisp2.db.dump
```

Zum Wiederherstellen wird diese Sicherungsdatei in die Datenbank eingelesen.

```
1  true > /opt/openwisp2/db.sqlite3
2  sqlite3 /opt/openwisp2/db.sqlite3 < openwisp2.db.dump
```

Die Anweisung in Zeile 1 leert die `db.sqlite3`-Datei, ohne den Besitzer oder die Berechtigung zu verändern.

> **Hinweis**
>
> Die Sicherung und Wiederherstellung sollte mit derselben Version von OpenWISP erfolgen, da ein Update die Datenbankstruktur ohne Ankündigung verändern könnte.

Update

Ein Update von OpenWISP verwendet, ebenso wie die Installation, Ansible und das Playbook aus Listing 4.1 auf Seite 86. Zum Starten des Updates führt Ansible einfach das Playbook aus, als würde es die Installation starten:

```
ansible-playbook playbook.yml
```

Wenn ein neuer Softwarestand vorhanden ist, wird Ansible das lokale System aktualisieren und OpenWISP auf den neuesten Stand heben. Welche Version von OpenWISP aktuell installiert ist, zeigt der folgende Befehl:

```
root@labsrv:~# /opt/openwisp2/env/bin/pip list | grep openwisp
openwisp-controller        0.7.post1
openwisp-users             0.2.2
openwisp-utils             0.6.1
```

Fehlersuche

Der OpenWISP-Client auf den OpenWrt-Routern ist bei aufkommenden Schwierigkeiten sehr gesprächig. Die Meldungen richtet der Dienst an das Systemprotokoll unter dem Stichwort `openwisp`.
Die aktuellen (Fehler-)Meldungen zeigt OpenWrt in der Konsole an:

```
logread -f | grep openwisp
```

Wenn Probleme auftreten, markiert OpenWISP diese im Log als `daemon.err`, gefolgt von einer kurzen Beschreibung.
Grundsätzlich müssen die Namensauflösung und die Ende-zu-Ende-Verbindung zwischen Client und Controllerserver funktionieren. Ein einzelner Ping-Befehl prüft beide Voraussetzungen. Dabei reicht es aus, dass der Client den Server erreicht. Umgekehrt muss der Server den Client nicht direkt ansprechen, da OpenWISP im Pull-Verfahren arbeitet.
Die folgenden Meldungen zeigen typische Fehlerbilder auf der Clientseite.

Failed to retrieve checksum: HTTP/1.1 404 Not Found Der Client kann den OpenWISP-Server erreichen, erhält aber nicht die gewünschte Antwort. Die weitere Fehlersuche richtet sich an den Controller.

Failed to connect to controller during registration: curl exit code 51 Client und Server unterhalten sich per HTTPS, aber der Client akzeptiert das TLS-Zertifikat vom Webserver nicht. In diesem Fall steht `verify_ssl` auf 1 (Zeile 2 in Listing 4.2) und der Client erwartet ein gültiges Zertifikat. Da der OpenWISP-Registrierungsprozess intern den Kommandozeilenclient `curl` verwendet, lässt sich dieser für die Fehlersuche einsetzen:

```
curl --verbose --capath /etc/ssl/certs $(uci get openwisp.http.url)
```

Noch genauer berichtet OpenSSL über die Aushandlung der TLS-Verbindung und zeigt die involvierten Zertifikate an:

```
openssl s_client -connect $(uci get openwisp.http.url) \
  -showcerts -CAfile /etc/ssl/certs/ca-certificates.crt
```

Der OpenWISP-Controller ist eine Serveranwendung mit mehreren Diensten, die im Abschnitt *Technischer Hintergrund* auf Seite 99 näher beschrieben sind. Ob die Dienste gestartet sind, prüft CentOS oder Debian per `systemctl`-Kommando.

```
systemctl status nginx
systemctl status supervisor
systemctl status redis-server
```

Eventuelle Fehlermeldungen erscheinen direkt in der Konsole und im Journal. Zusätzlich dazu protokolliert OpenWISP in verschiedene Dateien unterhalb von `/opt/openwisp2/log/`.
Wenn die HTTPS-Kommunikation zwischen Client und Controller funktioniert und der Client das Zertifikat akzeptiert (oder ignoriert), liegt die Ursache beim Server. Wenn die Logdateien keinen guten Hinweis auf die Ursache liefern, könnte der Arbeitsspeicher voll sein oder die Datenbank ist eventuell gesperrt. In beiden Fällen erhält der Client den Fehlercode 500.
Wenn sich die Ursache gar nicht finden lässt, liegt möglicherweise ein Programmfehler vor. Hier lohnt sich eine Recherche im Bugtracker unter `https://github.com/openwisp/ansible-openwisp2/issues`.

Benutzerverwaltung

OpenWISP bringt seine eigene Benutzer- und Rechteverwaltung mit. Ein Benutzerkonto gehört zu keiner, einer oder mehreren Organisationen. Jeder Benutzer hat entweder den Mitarbeiter-Status (*Staff status*) oder den Administrator-Status. Im Mitarbeiter-Status zeigt die Webseite von OpenWISP nur Geräte und Templates an, die zur Organisation des angemeldeten Users gehören. Im Administrator-Status sieht der Benutzer alle Objekte und hat alle Rechte.
Ein Benutzer *ohne* Organisation sieht weder Devices noch Templates. Damit ist dieser Account nicht machtlos, denn er kann organisationsunabhängige Arbeiten erledigen, wie Benutzer, Gruppen, Floorplans, Locations, VPN-Server und Zertifikate anlegen, ändern oder löschen.
Was der Benutzer *darf*, regeln die Berechtigungen. OpenWISP kann für jeden Aufgabenbereich unterscheiden nach *hinzufügen, ändern, löschen* und *ansehen*. Der Benutzer in Abbildung 4.6 hat lediglich die Berechtigung zum Ansehen (*Can view*) auf diverse Bereiche.

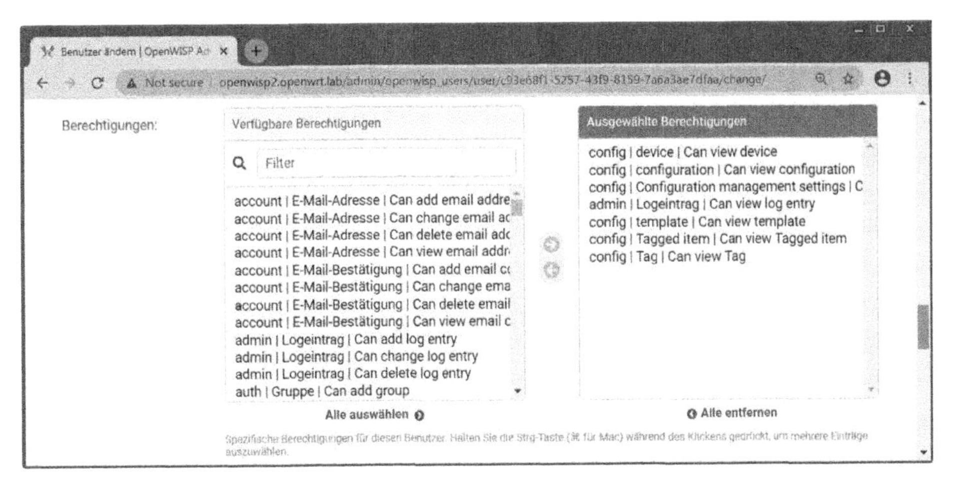

Abbildung 4.6: OpenWISP vergibt Berechtigungen an seine Benutzer

Bei mehreren Benutzerkonten wird es aufwendig, die vielen einzelnen Berechtigungen zu setzen. Hier erleichtert OpenWISP die Tagesarbeit durch Berechtigungsgruppen. Eine Gruppe enthält eine Liste von Berechtigungen und wird den Userkonten zugewiesen. Die Benutzer erhalten damit die

Berechtigung(en) der zugewiesen Gruppe(n). Die Beispielgruppe in Abbildung 4.7 erlaubt einen Benutzer lesenden Zugriff auf alle Bereiche der OpenWISP-Webseite.

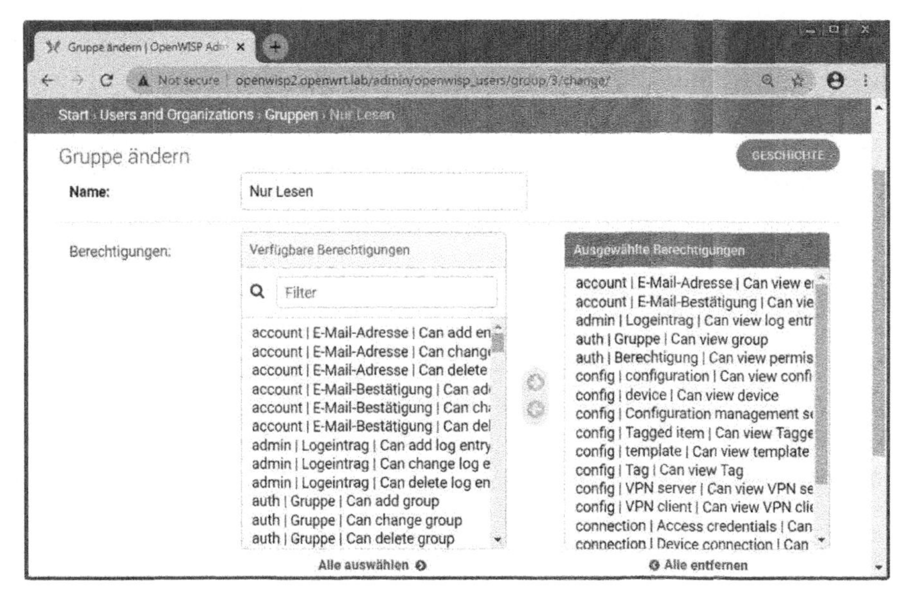

Abbildung 4.7: Eine Gruppe enthält beliebig viele Berechtigungen

Achtung

Benutzer mit Administrator-Status haben automatisch Vollzugriff auf *alle* Organisationen und Bereiche unabhängig ihrer Einzel- und Gruppenberechtigungen.

Wenn ein Benutzer Vollzugriff auf die Geräte seiner Organisation erhalten soll, dann benötigt dieses Konto den Mitarbeiter-Status und die Gruppe *Administrator*.

Hinweis

Die Benutzerverwaltung bezieht sich nur auf die Webseite des OpenWISP-Controllers. Eine Anmeldung an der Weboberfläche der OpenWrt-Router ist damit nicht möglich.

Mandantenfähig

OpenWISP unterscheidet die verwalteten Geräte und Templates nach Organisationen. Templates der Organisation A lassen sich nicht auf Geräte von Organisation B einspielen. Mit dieser Unterteilung realisiert OpenWISP Umgebungen mit mehreren Kunden (Mandanten), ohne dass jeder Kunde seinen eigenen OpenWISP-Server aufbauen und betreiben muss.
Ein Benutzer im Mitarbeiter-Status sieht nur die Geräte seiner Organisation(en). Die Webansicht dieses Benutzers zeigt ausschließlich Objekte, auf die er aufgrund von Organisationszugehörigkeit und Berechtigungen Zugriff hat.

Technischer Hintergrund

OpenWISP ist eine Client-Server-Anwendung. Der OpenWISP-Controller stellt als Server den Clients Webseiten zur Verfügung. Der Client läuft als Dienst auf einem OpenWrt-Router, welcher die Webseiten regelmäßig aufruft, als Konfigurationsbefehl interpretiert und im lokalen System ausführt. Die Konfiguration von OpenWISP erfolgt ebenfalls webgestützt.

OpenWISP ist in Python geschrieben und verwendet das Django-Webframework. Abbildung 4.8 auf der nächsten Seite zeigt die verschiedenen Komponenten und ihr Zusammenspiel.
Auf dem OpenWISP-Controller läuft der Webdienst Nginx als Web-Frontend. Dieser bietet zwei verschiedene URLs, um zwischen Konfigurationsmenü (`/admin`) und Client-API (`/controller`) zu unterscheiden. Dabei ist Nginx nur der Vermittler, der über das *Web Server Gateway Interface* uWSGI mit dem Herzstück von OpenWISP kommuniziert. Diese zentrale Anwendung nennt sich *openwisp2.wsgi:app* und sie enthält die Programmlogik von OpenWISP. Sie generiert die Konfiguration für die OpenWrt-Router, erstellt die Webseiten für die Admin-Oberfläche und kontrolliert die Zugriffe auf die URLs.
Die permanente Konfiguration legt die App in einer SQLite-Datenbank ab. SQLite ist eine leichtgewichtige Datenbank, die ihren Inhalt als einzelne Datei ablegt. Das Backup von OpenWISP auf Seite 94 bedient sich dieser Datei für eine Sicherung.

Für die interne Arbeitsverteilung verwendet OpenWISP eine Aufgabenwarteschlange auf Basis von *Celery*. Wenn der Administrator über die Webseite ein Template anlegt, übergibt OpenWISP dies als Auftrag an Celery. Andere Teile der zentralen App holen sich den Auftrag und arbeiten ihn ab. Der Vorteil von Celery liegt in der Echtzeitverarbeitung und in der asynchronen Arbeitsweise.

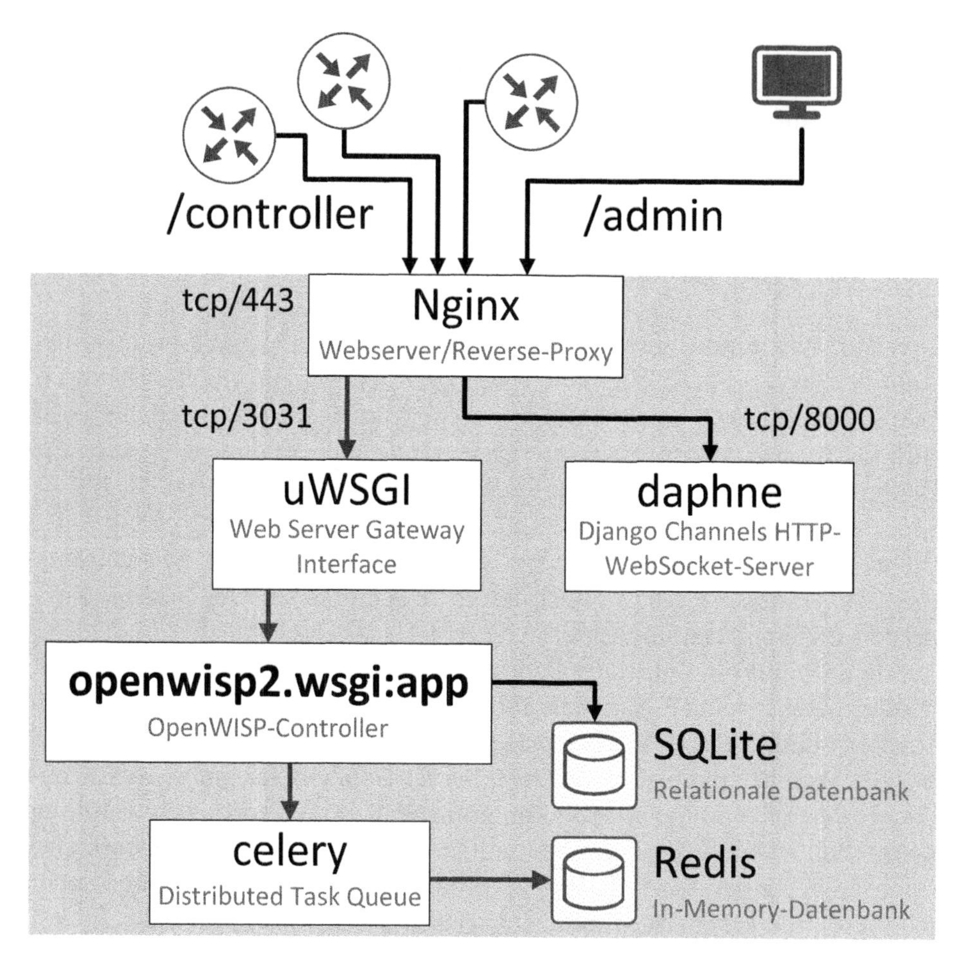

Abbildung 4.8: Das Zusammenspiel der OpenWISP-Komponenten und OpenWrt

Celery speichert seine Nachrichten in der In-Memory-Datenbank *Redis*. Da in Redis keine Konfigurationsteile liegen, muss der Datenbestand auch

nicht gesichert werden. Über den Befehl `redis-cli MONITOR` verrät Redis, woran es gerade arbeitet.
Der letzte Teil des Ökosystems ist *daphne*, der für Anfragen nach Web-Sockets zuständig ist. OpenWISP verwendet das WebSocket-Protokoll, um die Landkarten in den Locations zu sichern.

Der OpenWISP-Client läuft auf den OpenWrt-Routern und ist in Shell und LUA geschrieben. Der Dienst `openwisp_config` meldet sich jede zwei Minuten beim Controller und fragt nach Änderungen. Die Kommunikation verwendet HTTPS und `curl` im Pull-Verfahren. Wenn es Neuigkeiten gibt, legt der Dienst diese als Tarball unter `/tmp/openwisp/` ab und beauftragt das LUA-Skript `openwisp-update-config` mit der Abarbeitung. Dieses Skript prüft zuerst die neuen Befehle und platziert sie anschließend im Konfigurationspfad von OpenWrt. Zuletzt startet `openwisp-reload-config` die betroffenen Dienste neu, um die Konfiguration abzuschließen.

Ausblick

OpenWISP ist über Module erweiterbar. Auf der GitHub-Seite des Projekts stellt der Anbieter verschiedene Erweiterungen kostenfrei zur Verfügung.

Network Topology Visualizer Diese Erweiterung erkennt benachbarte OpenWrt-Router auf Basis des verwendeten Mesh-Routing-Protokolls. Aus der ermittelten Topologie stellt die Weboberfläche von OpenWISP einen Graphen mit Knoten und Kanten dar. Das erstellte Diagramm eignet sich für eine Übersicht des eigenen Netzwerks und zur Dokumentation.
Der Discovery-Prozess erkennt Nachbarn durch OLSR, BATMAN (vgl. Kap. 1) und OpenVPN. Alternativ lässt sich die Topologie manuell aufbauen, um daraus einen Graphen zu generieren. Abbildung 4.9 auf der nächsten Seite zeigt die Darstellung des Labornetzwerks.

Monitoring Die Monitoring-Erweiterung überwacht die Gesundheit der OpenWrt-Geräte. Sie misst Speicherbelegung, CPU-Auslastung, Uptime, Status der Netzadapter, Erreichbarkeit, Anzahl der WiFi-Clients usw. Während des Monitorings erhält jeder überwachte Router den Zustand OK, PROBLEM oder CRITICAL.

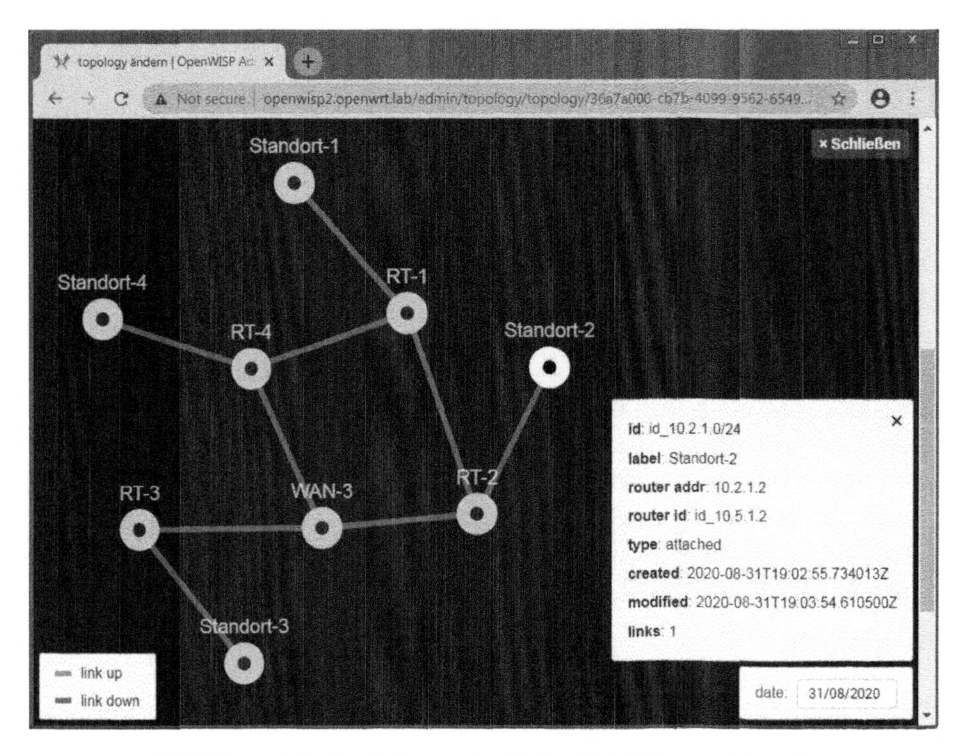

Abbildung 4.9: Das Labornetz als *NetJSON NetworkGraph*

Diese Erweiterung ist ein guter Anbau zu OpenWISP, um den Gesamtzustand der Infrastruktur im Überblick zu haben. Wenn bereits ein Monitoringsystem im Einsatz ist, bringt das OpenWISP-Monitoring kaum Mehrwert.

IP Address Management In großen Umgebungen tummeln sich viele Geräte mit unzähligen IP-Adressen. Damit die Adressierung übersichtlich bleibt, greifen viele Planer und Administratoren zum Adress-Management, welches als zentrales Werkzeug die Adressen verwalten, vergeben und dokumentieren kann. Die OpenWISP-Erweiterung *IP Address Management* führt genau Buch über die IPv4- und IPv6-Netze, zeigt die vergebenen und freien Adressen an, bietet eine Suchfunktion und eine Möglichkeit, IP-Adressen zu beantragen.

Zusammenfassung

OpenWISP möchte die Verwaltung von großen OpenWrt-Infrastrukturen einfacher machen. Dazu melden sich alle OpenWrt-Router beim zentralen OpenWISP-Controller und erhalten dort ihre Konfiguration. Der Administrator legt nicht mehr per LuCI die Konfiguration fest, sondern über die Weboberfläche von OpenWISP.
Der Ursprung von OpenWISP liegt in der Verwaltung von Accesspoints, was eine starke Ausrichtung auf WiFi und Mesh-Netze mitbringt. Durch verschiedene Erweiterungen kann der OpenWISP-Server die verwalteten Geräte überwachen, das aufgespannte Netz visualisieren und deren IP-Adressen dokumentieren.

Kapitel 5

Werbung blockieren

Viele Webseiten finanzieren sich durch Werbeeinnahmen und die Seiteninhalte sind für die Besucher kostenlos. Leider übertreiben es manche Seitenbetreiber und im Browser häufen sich Pop-ups, Videoschnipsel und Produktplatzierungen. Wenn die redaktionellen Inhalte scheinbar nur Beiwerk sind, wird es Zeit für Maßnahmen, die die Werbung herausfiltern.

Der Filter kann auf jedem einzelnen Endgerät ansetzen, oder an zentraler Stelle für alle Clients im Netz die Werbung unsichtbar machen. Dieses Kapitel benutzt OpenWrt als zentralen Werbefilter, sodass auf den Endgeräten keine Zusatzsoftware installiert werden muss.

> **Hinweis**
>
> Werbung ist eine Methode der Finanzierung und nicht per se schlecht. Eine Alternative sind kostenpflichtige Abos, wobei viele Betreiber beides anbieten.

Aufbau

Der Werbeblocker von OpenWrt ist ein DNS-Server mit einer langen Blockliste. Die Endgeräte im Netz benutzen diesen DNS-Server für die Namensauflösung und erhalten die angefragte IP-Adresse. Im Unterschied zu einem herkömmlichen DNS-Server, wird der Werbeblocker jene DNS-Anfragen mit Achselzucken beantworten, die auf seiner schwarzen Liste stehen. Die

Blockliste enthält alle bekannten Domänen und Webadressen, die als Werbeeinblendung bekannt sind.
Als Folge wird der Webbrowser die angesurfte Tageszeitung zwar anzeigen, aber die Stellen, wo normalerweise die Werbung erscheint, bleiben leer, da der DNS-Server die Anfragen blockiert. Der Ablauf ist in Abbildung 5.1 schrittweise dargestellt. Im Gegensatz zu einem regulären DNS-Server, prüft der Werbeblocker in Schritt 2 seine Sperrliste, bevor er dem Client in Schritt 3 die Antwort präsentiert. Mit der erhaltenen Antwort kann der Client in Schritt 4 die gewünschte Webseite werbefrei aufrufen.

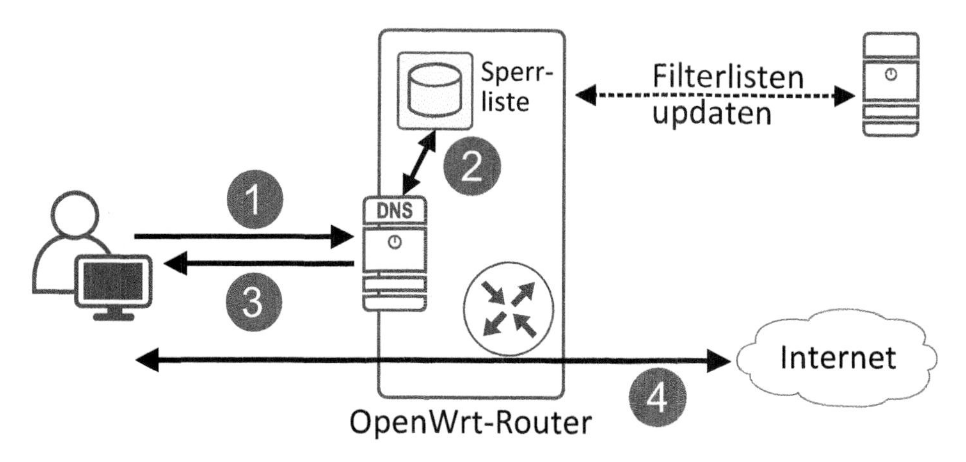

Abbildung 5.1: Clients benutzen den Werbeblocker als DNS-Server

Damit das Konstrukt funktioniert, *müssen* die Clients den neuen DNS-Server für ihre Namensauflösung verwenden. Wenn die Endgeräte ihre IP-Adresse per DHCP zugewiesen bekommen, muss ab sofort der DHCP-Server in seinen Angeboten den neuen Werbeblocker als DNS-Server hinterlegen. Bei statischen Adressen ist eine händische Änderung in den IP-Einstellungen der jeweiligen Geräte angesagt.
In kleinen Umgebungen übernimmt der DSL-Router die Rolle des DHCP- und DNS-Servers. Falls dieser DSL-Router stets sich selber als DNS-Server ankündigt, können die Clients den neuen DNS-Server nicht verwenden. In diesem Fall muss der DSL-Router den DHCP-Dienst aufgeben und ein OpenWrt-Router übernimmt.

Varianten

OpenWrt hat mehrere Werbeblocker im Angebot, die unterschiedliche Stärken haben. *Adblock* lässt sich von der Weboberfläche bedienen und hat vielfältige Filterlisten. Sein kleiner Bruder *Simple AdBlock* hat weniger Tricks drauf und ist für Geräte mit geringem Arbeitsspeicher ausgelegt. Die Luxusvariante *AdGuard Home* bringt seine eigene Webseite mit und hat ausgezeichnete Möglichkeiten für die Auswertung und Analyse.
In Tabelle 5.1 zeigen die Werbeblocker ihre Stärken und Schwächen.

Eigenschaft	Adblock	Simple AdBlock	AdGuard Home
Blockliste anpassen	☑	(via URL)	☑
Backend	named, kresd, unbound, dnsmasq	dnsmasq	Go-Modul[1]
Methode	Null, NXDOMAIN	NXDOMAIN	Null, custom, NXDOMAIN
E-Mail-Benachrichtigung	☑	☐	☐
Integration in LuCI	☑	☑	☐
Auswertung	☑	☐	☑
Blocklisten	50	10	4
Deutsche Webseiten	☑	☑	☑
Dateigröße	3,8 MB	3,7 MB	17,9 MB
Speicherbelegung	79,3 MB	36,6 MB	80,3 MB
Update	via opkg	via opkg	händisch

Tabelle 5.1: OpenWrt bietet mehrere Werbeblocker

[1] siehe Datei `AdGuardHome/home/dns.go` von [6]

Adblock

Für reguläre Umgebungen leistet *Adblock* einen hervorragenden Schutz gegen Werbeeinblendungen. Die Software bedient sich an einer Vielzahl von Blocklisten, die nach Themen und Sprachen kategorisiert sind.

Die Software von *Adblock* verteilt sich über mehrere Pakete, die wahlweise per Kommandozeile oder Webinterface installiert werden. Für den Einsatz mit LuCI und in deutscher Sprache benötigt der OpenWrt-Router mehrere Pakete:

- `adblock`, das Software des Werbeblockers.
- `luci-app-adblock`, enthält die Webseiten für LuCI.
- `luci-i18n-adblock-de`, liefert das deutsche Sprachpaket.
- `libustream-openssl*`, ermöglicht den Download der Blocklisten von Webseiten mit Transportverschlüsselung.

Nach der Installation taucht in der Weboberfläche von LuCI die neue Rubrik *Dienste → Werbeblocker* auf. Die Voreinstellungen sind soweit akzeptabel und mit der Option *Aktiviert* beginnt das Programm mit seiner Arbeit. Je nach gewählten Kategorien lädt Adblock die Blocklisten von den hinterlegten Webseiten und „füttert“ damit den DNS-Server.

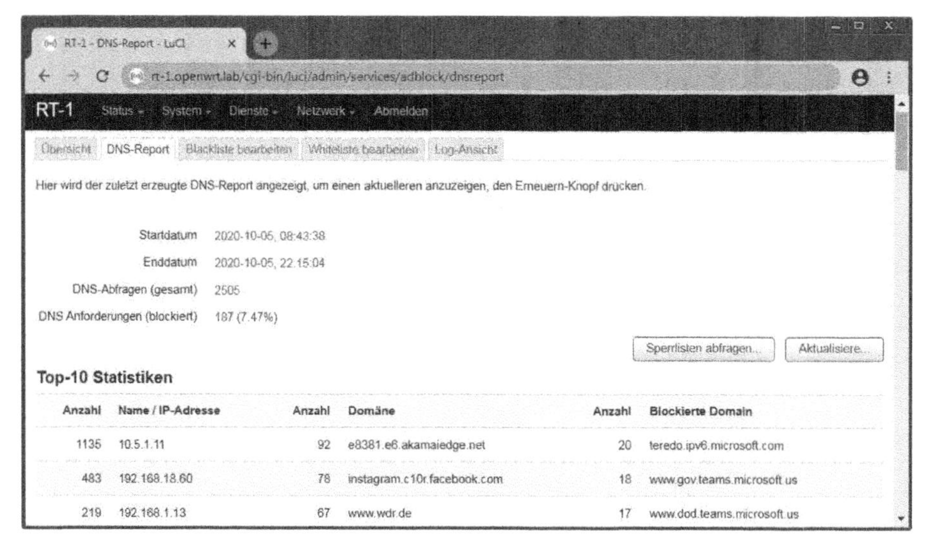

Abbildung 5.2: *Adblock* informiert über blockierte Werbeanfragen

Adblock ist fleißig, aber schweigsam. Seinem Besitzer gibt die Software erst Auskunft, wenn die Option *DNS-Report* gesetzt ist und das Paket `tcpdump-mini` installiert ist. Dann enthält der gleichnamige Reiter eine

Nutzungsstatistik über blockierte DNS-Anfragen. Abbildung 5.2 zeigt *Adblock* bei der Arbeit.
Abschnitt *Nutzung* auf Seite 111 beschreibt, wie die Endgeräte im Netz *Adblock* benutzen können.

Simple AdBlock

Die Variante *Simple AdBlock* ist ein vollwertiger Werbefilter mit minimaler Speichernutzung. Der Einsatzort sind OpenWrt-Router mit knappen Hardwareressourcen. *Simple AdBlock* hat weniger Möglichkeiten im Backend und bei der Blockvariante als *Adblock*.
Für die Installation benötigt OpenWrt folgende Pakete, die dieselbe Bedeutung wie bei *Adblock* auf Seite 108 haben:

- `simple-adblock`
- `luci-app-simple-adblock`
- `luci-i18n-simple-adblock-de`
- `libustream-openssl*`

Anschließend gesellt sich in der Weboberfläche der neue Eintrag *Simple AdBlock* unter *Dienste*. Die Konfiguration bedient sich an mehreren öffentlichen Webseiten, die Blocklisten bereitstellen. Mit einem Klick auf die Buttons *Aktivieren* und *Start* lädt die Software alle Blocklisten in den lokalen DNS-Dienst und beginnt seine Arbeit.
Simple AdBlock liefert keine Auswertung oder Statistik. Ob der Dienst funktioniert, lässt sich mit einfachen Mitteln über die Kommandozeile prüfen:

```
nslookup bugsense.com localhost
```

Da die angefragte Domain auf der bösen Liste steht, sollte der Werbeblocker die Namensauflösung verweigern und kein Ergebnis liefern. Wenn die Namensauflösung erfolgreich ist und `nslookup` eine IP-Adresse erhalten hat, dann war der Werbeblocker *nicht* erfolgreich.

AdGuard Home

Hinter *AdGuard Home* steht ein kommerzieller Anbieter [6], der seine Software und Blocklisten kostenfrei zur Verfügung stellt. Der Werbeblocker ist ein eigenständiges Produkt, welches seinen eigenen Installer und eine eigene Weboberfläche mitbringt, die sich nicht in LuCI integriert. Abgesehen von diesem Alleingang läuft *AdGuard Home* hervorragend auf einem OpenWrt-System und bringt Logging, Auswertung und Statistiken mit.

Da das OpenWrt-Repository kein fertiges Paket enthält, kommt die Software direkt von GitHub auf den lokalen Router. Die Installation auf einem beispielhaften 64-bit-System umfasst nur wenige Befehle:

```
1  opkg install libustream-openssl20150806 ca-bundle ca-certificates
2  wget -O AdGuardHome.tar.gz https://github.com/AdguardTeam/ \
3    AdGuardHome/releases/download/v0.103.3/ \
4    AdGuardHome_linux_amd64.tar.gz
5  tar xfz AdGuardHome.tar.gz
6  ./AdGuardHome/AdGuardHome --service install
```

Die Anweisung in Zeile 6 bewirkt, dass der *AdGuard Home*-Dienst nach einem Reboot wieder zur Verfügung steht. Ferner startet diese Anweisung im Hintergrund einen Webserver, der die weitere Einrichtung von *AdGuard Home* begleitet. Der Webserver horcht auf allen lokalen IP-Adressen auf TCP-Port 3000 und informiert nach seinem Start über die Webadressen.
Bevor AdGuard Home seinen integrierten DNS-Dienst ausfahren kann, muss OpenWrt seinen eigenen DNS-Server aufgeben. Dieser verschwindet unter *System → Systemstart* mit Klicks auf die Schaltflächen *Stoppen* und *Aktiviert* in der Zeile von `dnsmasq`.
Anschließend beginnt die Einrichtung von AdGuard Home in einem Webbrowser. Der Wizard erfragt, über welche Netzadapter und Ports die Weboberfläche und der DNS-Server erreichbar sein sollen. Eine sichere Auswahl sind die *internen* Netzwerk-Schnittstellen des OpenWrt-Routers. Der nächste Schritt legt das Admin-Kennwort fest.

Damit ist die Einrichtung beendet und AdGuard Home leitet auf das Dashboard weiter. Unter *Filter → DNS-Sperrliste* präsentiert der Werbeblocker seine verfügbaren Quellen für die Blocklisten. Der Button *Nach Updates suchen* bringt das lokale System auf Stand und die Blockade kann beginnen.

Sobald die Clients den neuen Werbeblocker als DNS-Server nutzen, füllt sich das Dashboard mit Statistiken. In Abbildung 5.3 waren die Filter von AdGuard Home seit mehreren Tagen fleißig und haben die Clients vor Werbung verschont.

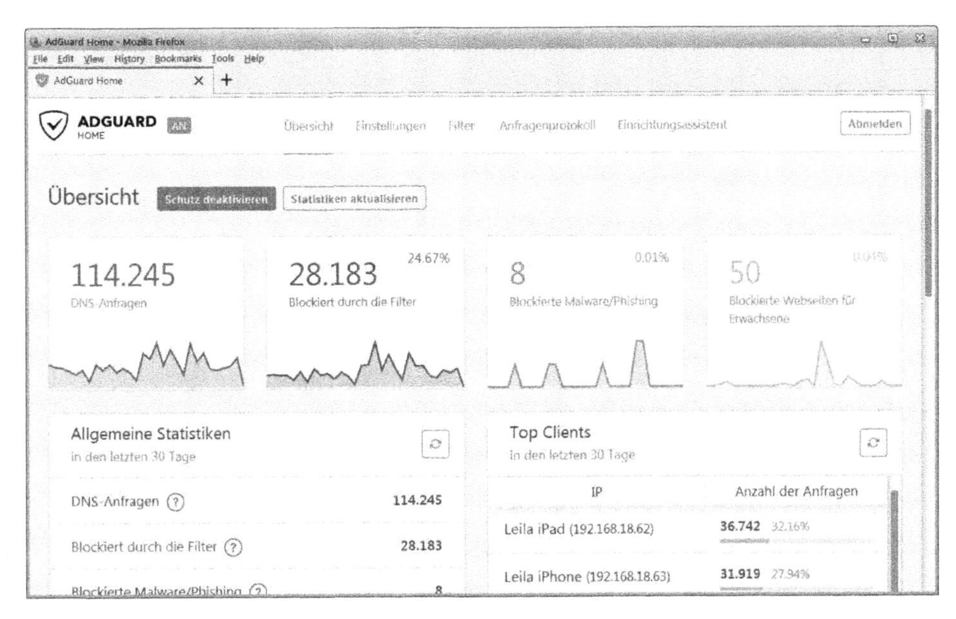

Abbildung 5.3: *AdGuard Home* informiert über seine Tätigkeit

> **Hinweis**
>
> Die Einstellungen von AdGuard Home sind in der Konfigurationssicherung von LuCI *nicht* enthalten.

Nutzung

Die Endgeräte im Netz müssen den DNS-Dienst des Werbeblockers für die Namensauflösung verwenden, um von seiner Filterfunktion zu profitieren. In Netzen mit dynamischer Adressvergabe informiert der DHCP-Server seine Clients über den zu verwendenden DNS-Server. In Abbildung 5.4 auf der nächsten Seite lernt ein Netzteilnehmer den filternden DNS-Server vom DHCP-Server in Schritt 2. Anschließend richtet der Client seine DNS-Anfragen an den Werbeblocker (Schritte 3 und 4).

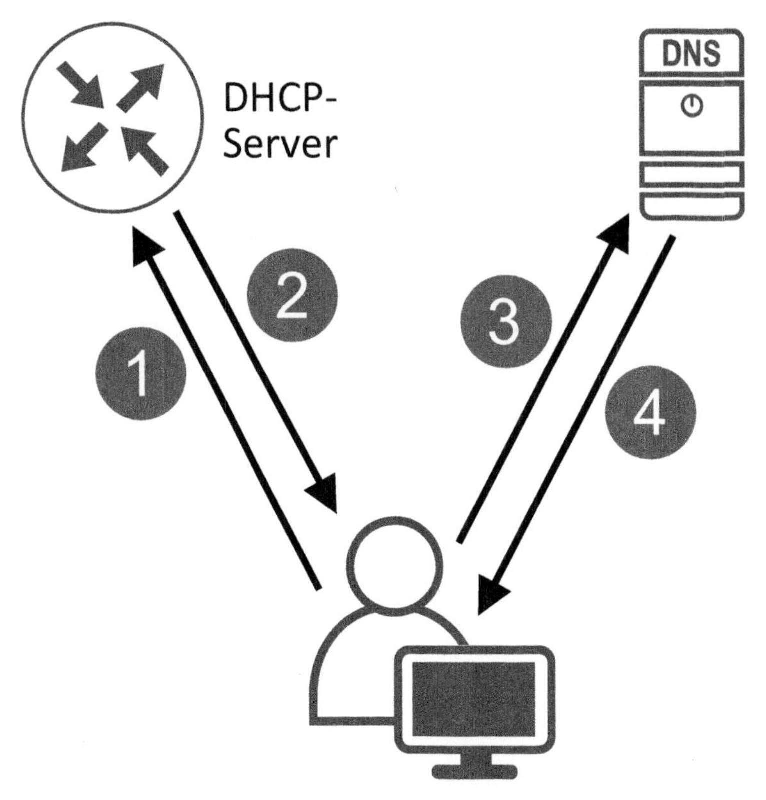

Abbildung 5.4: Der DHCP-Server informiert über den Werbe-DNS-Filter

> **Hinweis**
>
> Wenn der lokale Internetrouter als DHCP-Server keine Möglichkeit anbietet, den DNS-Server zu ändern, kann ein OpenWrt-Router die Funktion des DHCP-Servers übernehmen.

Bei Clients mit statischer IP-Adresse sind die Schritte zum Ändern des DNS-Servers abhängig vom Betriebssystem. *AdGuard Home* beschreibt in seinem Einrichtungsassistent den Ablauf für eine Vielzahl von Systemen.

Updates

Sperrlisten sind ständig in Bewegung, denn neue Webseiten werden aufgenommen und bestehende Einträge nachgebessert. LuCI stellt im Bereich *System → Geplante Aufgaben* einen Zeitplaner bereit, um die neuen Listen regelmäßig anzufragen. Um die Anwender nicht im Surfvergnügen zu stören, bietet sich der Update nachts an.
Hinter dem Zeitplaner steckt der wohlbekannte `cron`-Dienst von Linux. Dieser kann wiederkehrende Befehle zu festen Zeiten ausführen. Im Fall der Blocklisten besteht die Aktualisierung aus einem Neustart des Dienstes. Wenn *Adblock* morgens um halb fünf seine Sperrlisten auffrischen soll, lautet die passende Anweisung für `cron`:

```
30 4 * * * /etc/init.d/adblock restart
```

Bei *Simple AdBlock* gibt es dafür ein dediziertes Kommando, welches zum nächtlichen Update aufruft:

```
30 4 * * * /etc/init.d/simple-adblock dl
```

AdGuard Home kümmert sich selbstständig um die Updates der Filterlisten. In regelmäßigen Abständen holt sich die Software die aktualisierten Sperrlisten und bleibt damit automatisch up-to-date.

Ausnahmen

Wenn die Sperrliste etwas mehr wegfiltert als nötig, sieht die angesurfte Webseite unvollständig aus. Dann wird es Zeit für eine Korrektur am Werbefilter. Jeder vorgestellte Werbeblocker kann Ausnahmen schaffen, sodass die aufgerufene Webadresse trotzdem korrekt sichtbar ist.

Adblock hält seine Ausnahmelisten unter *Dienste → Werbeblocker* in den Bereichen *Whiteliste* und *Blackliste* bereit. Nachträglich erlaubte Domänen kommen in die Positivliste und gewünschte Sperrungen kommen in die Negativliste. Jede ausgenommene Domäne belegt eine Zeile in der jeweiligen Liste. Nach einer Bearbeitung muss der Adblock-Dienst unter *System → Systemstart* händisch neu gestartet werden, damit die neuen Einträge wirksam werden.

> **Hinweis**
>
> Wenn sich Einträge auf der Positiv- und Negativliste widersprechen, gewinnt die Positivliste.

Simple AdBlock platziert seine Ausnahmen im Bereich *Erweiterte Konfiguration.* Unterhalb von *Allowed and Blocked Lists Management* stehen die Ausnahmelisten, allerdings ohne eine erkennbare Sortierung.

AdGuard Home geht etwas bequemer vor. Wenn AdGuard Home einen Webzugriff blockiert, dann steht der Zugriffsversuch im Anfragenprotokoll. Rechts von diesem Logeintrag befindet sich der Button *Entblocken*, der eine Ausnahme erstellt (Abbildung 5.5) und damit den nächsten Webzugriff auf diese Domäne erlaubt.

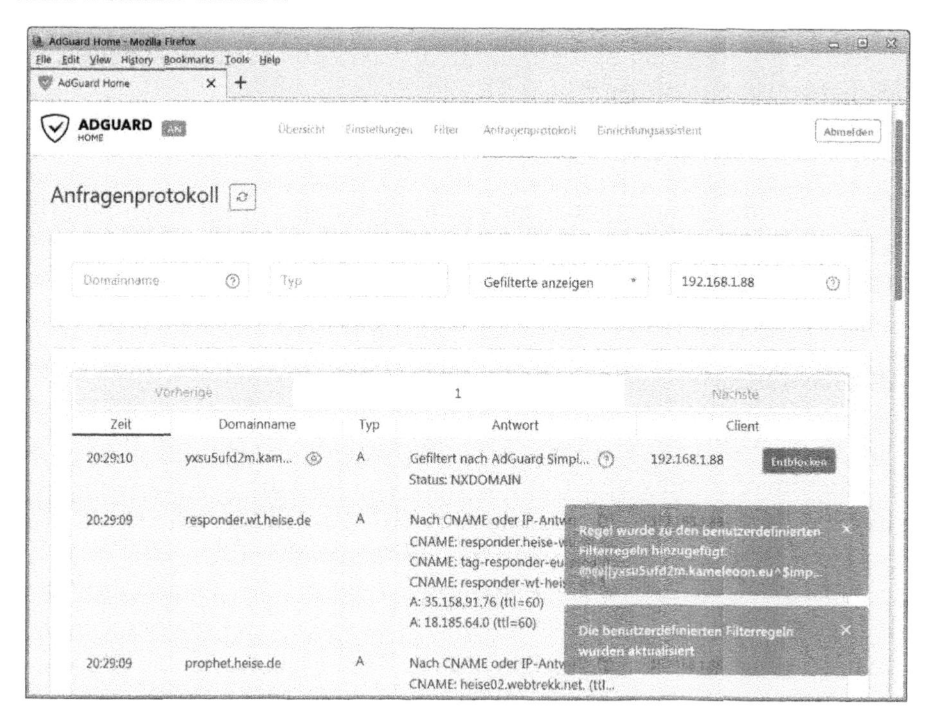

Abbildung 5.5: *AdGuard Home* erstellt Ausnahmen auf Knopfdruck

Die gesammelten Ausnahmen liegen schließlich unter *Benutzerdefinierte Filterregeln,* wo sie auch händisch angepasst und ergänzt werden können.

Die Liste enthält blockierte *und* erlaubte Domänen. Die Syntax ist etwas kryptisch, aber im unteren Bereich der Seite folgen einfache Beispiele. Für komplexe Blockaden unterstützt AdGuard Home sogar reguläre Ausdrücke.

Leistung

Die Leistung des DNS-Servers ist abhängig von der eingesetzten Hardware. Je mehr CPU-Power der Router hat, desto mehr Anfragen wird der DNS-Dienst pro Sekunde beantworten. Ältere Systeme schaffen wenige hundert Anfragen pro Sekunde, während moderne Computer den Bereich der Tausend überschreiten.
Inwiefern verschlechtert sich die Leistung, wenn der DNS-Server zuerst in seinen Sperrlisten nachschauen muss, bevor er die Antwort geben kann? Hier arbeiten die vorgestellten Werbeblocker effizient und reduzieren die Rate lediglich um etwa 1%.
Die effiziente Arbeitsweise erreicht die Software dadurch, dass sie die Sperrlisten im (schnellen) Arbeitsspeicher hält und nicht auf dem (langsamen) Datenträger nachschauen muss. Dieser Geschwindigkeitsvorteil bewirkt nachteilig, dass der DNS-Dienst einen großen Teil des Arbeitsspeichers belegt. Wenn beispielsweise *AdGuard Home* alle voreingestellten Sperrlisten benutzt, wird der Prozess ca. 55 MB vom RAM allokieren.
Wie viel Arbeitsspeicher tatsächlich belegt ist, zeigt die Startseite von LuCI oder der Linuxbefehl `top`.

Ausblick

Ein Kapitel über Werbeblocker wäre nicht komplett, wenn *Pi-hole* [7] unerwähnt bleibt. *AdGuard Home* und *Pi-hole* arbeiten auf Augenhöhe, sind kostenlos, haben ähnliche Features und sind beide Open Source. *Pi-hole* ist zwar für den Raspberry Pi konzipiert, läuft aber auf mehreren Linux-Distributionen. Leider gehört OpenWrt nicht dazu, sodass *Pi-hole* es nur in den Ausblick schafft.

AdGuard Home legt Wert auf Sicherheit und implementiert die verschlüsselte Namensauflösung per *DNS über TLS* und *DNS über HTTPS*. Sobald eins

der beiden aktiviert ist, befragt der AdGuard-Home-Prozess seine Upstream-Server nur noch verschlüsselt. Welche Server dafür in Frage kommen, listet AdGuard Home in den DNS-Einstellungen im Abschnitt *Bootstrap DNS-Server*.
Die Kryptooperationen laufen im Hintergrund und sind für die Clients transparent. Die Endgeräte können ihren AdGuard-Home-DNS-Dienst nach wie vor über das klassische unverschlüsselte DNS-Protokoll erreichen.

Technischer Hintergrund

Die vorgestellten Werbefilter greifen in die Namensauflösung ein. Sie beantworten DNS-Anfragen an bekannte Werbeseiten mit „keine Ahnung“ oder einer falschen IP-Adresse. Als Folge wird der Client die Werbeeinblendung *nicht* erhalten und sein Browser wird sie nicht anzeigen.
Die *Adblock*-Brüder benutzen als DNS-Server bekannte Implementierungen, die sie um statische Einträge erweitern. Diese Einträge sind die Server der Werbeträger. Mit diesem Trick wird der DNS-Server die Anfrage nach dem Werbe-Server erfolgreich erwidern. Die Antwort besteht allerdings aus:

- NXDOMAIN: Die Domäne existiert nicht.
- 0.0.0.0: Diese IPv4-Adresse ist gültig, gehört aber zu keinem Endgerät.
- *Custom*: Hier lässt sich eine beliebige IP-Adresse hinterlegen, die der DNS-Server auf alle Werbeanfragen zurückliefert.

Adblock schreibt alle Listen in die lokale Datei `/tmp/adb_list.overall` und lädt diese über seine Konfigurationsdatei als statische Host-Liste. Das Format dieser Datei folgt einfachen Regeln und orientiert sich an der Blockvariante. Bei der Variante NXDOMAIN besteht die Hostdatei aus beispielhaften Einträgen im Format:

```
server=/webarte.net.br/
server=/webartsbrack.tt.omtrdc.net/
server=/webasm.com/
server=/webassembly.st/
```

AdGuard Home arbeitet grundsätzlich genauso, benutzt aber eine eigene DNS-Implementierung.

Zusammenfassung

OpenWrt hat mehrere Werbeblocker im Angebot, die für alle Clients im Netz Werbung wegfiltern und Zugriff auf böswillige Webseiten blockieren. Die Software arbeitet als DNS-Dienst mit einer langen Liste von unerwünschten Domänen. Wenn ein Endgerät auf eine Webseite möchte, die Werbung enthält, antwortet der DNS-Server auf die Anfragen nach den Werbeinhalten nicht mit der korrekten IP-Adresse, sondern mit Ahnungslosigkeit. Der Webbrowser kann die Werbeinhalte nicht laden und baut den Inhalt der Webseite ohne Werbung auf.
Der Werbeblocker kann nur wirksam werden, wenn die Clients ihn als DNS-Server verwenden. Wenn die Endgeräte einen anderen DNS-Server fragen und eine Antwort erhalten, ist der Werbeschutz dahin.
Die Werbefilter *Adblock* und *Simple AdBlock* sind Hausmarken von OpenWrt. Sie integrieren sich in die Menüstruktur von LuCI, bieten eine Vielzahl von Sperrlisten und arbeiten sehr effizient.
AdGuard Home ist keine Entwicklung von OpenWrt, läuft aber auf dem Betriebssystem zuverlässig mit. Über eine separate Konfigurationsoberfläche sind Sperrlisten, Ausnahmen, Logs und clientspezifische Einstellungen verfügbar. Das Dashboard listet die am häufigsten angefragten und blockierten Domains, neben weiteren Nutzungsstatistiken.

Im Vergleich: Die größte Auswahl an Kategorien hat *Adblock*. Die detaillierteste Auswertung bietet *AdGuard Home*. Und für Router mit knappen Ressourcen ist *Simple AdBlock* die beste Wahl.

Kapitel 6

Multi-WAN

Wenn die Leistungsgrenze eines Computersystems erreicht ist, passieren meist unerwünschte Effekte: Server verweigern die Anmeldung, Arbeitsspeicher wird auf die Festplatte ausgelagert oder Firewalls lassen keine neuen Verbindungen durch.
Wenn Netzwerkverbindungen ausgelastet sind, beginnen Router damit, IP-Pakete zu verwerfen. Das ist im Einzelfall nicht weiter schlimm und im TCP-Protokoll auch so vorgesehen. Bei einer Überlast steigt die Verlustrate und damit fehlen allen TCP-Verbindungen ein paar Pakete im Datenstrom. Die Auswirkung reicht von stockenden Anwendungen, über langsame Dateitransfers bis hin zum Abbruch. Eine Überlastung des Netzwerks hat Einfluss auf *alle* Endgeräte.

Die offensichtliche Lösung besteht aus der vertikalen Skalierung, bei der begrenzende Komponenten aufgerüstet werden. Der Server erhält leistungsstärkere Bauteile, die Firewall bekommt eine größere Sessiontabelle oder die Netzverbindung bekommt ein Technologieupdate mit mehr Bandbreite.

Aktive Komponenten im Netzwerk lassen sich meistens nicht nachträglich in ihrer Leistung verbessern. Der Gigabit-Switch wird nicht über Nacht zum TenGigabit-Switch, der Durchsatz eines Routers hat eine obere Grenze (vgl. Kap. 5 in Band 2) und die Internet-Leitung der nächsten Generation scheidet häufig aus finanziellen Gründen aus.

Plan B ist die horizontale Skalierbarkeit, die eine Leistungssteigerung durch mehrere parallele Geräte oder Leitungen vorsieht. Eine Gruppe von Servern beantwortet die Anfragen, mehrere gebündelte Gigabit-Leitungen verbinden Switches und Router und eine zweite (günstige) Internetverbindung steigert die verfügbare Bandbreite. Die Last wird auf mehrere Komponenten *verteilt*.
Bezogen auf die Welt der Netzwerkgeräte ist die horizontale Skalierung die gängigste Form der Leistungsverbesserung, weil der finanzielle Einsatz überschaubar bleibt. Zusätzlich gibt es offene Standards (RFC und IEEE) für den Parallelbetrieb, die von vielen Herstellern akzeptiert und implementiert sind: Gateway-Redundanz mittels VRRP (vgl. Kap. 3), Bündelung von Ethernet-Schnittstellen als *Link Aggregation* (nach IEEE 802.1ad) oder mit einem dynamischen Routingprotokoll (vgl. Kap. 2).

Dieses Kapitel untersucht die parallele Nutzung von mehreren Uplinkverbindungen, die administrativ nicht zum eigenen Netzwerk gehören. Typischerweise sind das Internet-Verbindungen, aber es könnte sich auch um MPLS- oder Standleitungen handeln. Grundsätzlich wird erwartet, dass sich der eigene Netzverkehr nach den Regeln der fremden Leitung richtet – vor allem in Bezug auf öffentliche IP-Adressen.

Anforderung

Was muss eine Lastverteilung über mehrere Leitungen erreichen? Die genauen Anforderungen ergeben sich aus der umgebenden Infrastruktur, orientieren sich aber an den folgenden Stichpunkten.

- Lastverteilung: Die Clients im LAN erreichen die Webserver im Internet über *mehrere* Leitungen.
- Ausfallschutz: Eine fehlerhafte Leitung muss zeitnah erkannt werden und aus der Logik der Lastverteilung ausgenommen werden.
- Konfiguration: Die Wahl der Leitung darf nicht willkürlich erfolgen, sondern muss konfigurierbar sein.
- Gewichtung: Eine Internetleitung muss abhängig von ihrer Bandbreite belastet werden.

Diese Wunschliste betrifft nur den Bereich der Lastverteilung. Die Regeln für die Sicherheit im Internet mit Firewallpolicy bestehen weiterhin!

Lastverteilung im WAN

Was in der Theorie so einfach aussieht, wird in der Praxis zur Herausforderung. Wohin soll die Default-Route bei zwei Internetleitungen zeigen? Müssen die Bandbreiten der Uplinks gleich stark sein? Und wie können wichtige Anwendungen stets die bessere Leitung nutzen?

Die WAN-Lastverteilung unterscheidet zwischen ausgehendem Netzverkehr (vom LAN ins Internet) und eingehenden Verbindungen (vom Internet ins LAN bzw. in die DMZ). Bei ausgehenden Paketen entscheidet der letzte eigene Hop, welchen Internet-Service-Provider (ISP) er mit dem Transport beschäftigen wird. Für diese Entscheidung benutzt der lastverteilende Router seine konfigurierte Richtlinie.
Diese Richtlinie besteht aus einem Regelwerk, ähnlich einer Firewall (vgl. Kap. 1 in Band 2), welches jedem Client eine Internetleitung zuweist. Damit lässt sich sehr granular steuern, welche Anwendung, welcher Client oder welches Zielnetz über welchen Serviceprovider das Internet betritt. Genau wie bei der Firewall gibt es eine Default-Regel, die den Traffic über eine zufällig gewählte Leitung sendet oder gänzlich blockiert.

> **Hinweis**
>
> Die Richtlinie zur Lastverteilung ersetzt nicht die lokale Firewall, welche zusätzlich zum WAN-Loadbalancing den Traffic untersucht und kontrolliert.

Bevor das Paket weitergeroutet wird, greift die Netzwerk-Adressumsetzung (NAT, vgl. Kap. 2 in Band 2) und passt die Quell-IP-Adresse der gewählten Internetleitung an. Dieser Schritt ist sehr wichtig, denn damit wird sichergestellt, dass die Antwortpakete über dieselbe Leitung zurückkommen.

Laborumgebung

In dieser Partie treten die Router und Netze des Demo-Labors (Abbildung 6.1) fast vollständig an: Standort-1 ist ein internes Netz, welches über den Lastverteiler RT-1 mit dem simulierten Internet kommuniziert. Dabei verfügt RT-1 über zwei Internetzugänge: Der erste ISP bietet eine gedachte Bandbreite von 34 Mbit/s über das dunkelgraue WAN-1 und den Zugangsrouter RT-2. Die zweite Internetleitung führt über das hellgraue WAN-2 mit 10 Mbit/s zum ISP-Router RT-4.

Hinter den ISP-Routern RT-2 und RT-4 befinden sich WAN-3 und RT-3. Der Router RT-3 wird zum Server befördert, welcher ein paar Demo-Webseiten anbietet. Diese Seiten sollen nur prüfen, ob eine TCP-Verbindung zustande kommt und anzeigen, von welcher Leitung die Anfrage stammt.

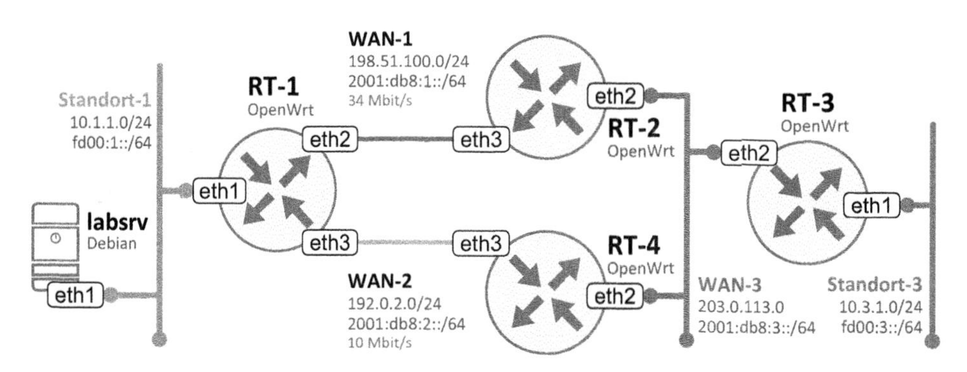

Abbildung 6.1: Standort-1 erreicht Standort-3 über mehrere Leitungen

Die Demo-Webseiten generiert der Webserver per Skript. Das angebotene CGI-Skript `ip.cgi` (siehe Anhang A) gehört unter OpenWrt ins Verzeichnis `/www/cgi-bin/`, muss ausführbar sein und benötigt das Softwarepaket *perl*.
Verschlüsselung und Zertifikate verbessern zwar die Sicherheit im Web, helfen aber nicht beim Aufbau des Labors, also wird darauf verzichtet. Für die Prüfung der Lastverteilung reicht TCP-Port 80.

Arbeitsweise

Die Lastverteilung von OpenWrt hat zusätzliche Regeln, welche den Datenverkehr über die WAN-Netze steuern. Diese Regeln funktionieren ähnlich wie das Firewall-Regelwerk: Sie bestimmen Quell- und Zieladresse, Quell- und Zielport. Die Aktion der Regel ist jedoch nicht *Erlauben* oder *Verwerfen*, sondern eine *Richtlinie*.
Die Richtlinien legen fest, welche WAN-Leitungen involviert sind und wie stark diese belastet werden sollen. Selbst bei nur zwei WAN-Adaptern sind mehrere Richtlinien denkbar, um verschiedene Kombinationen aus Lastverteilung und Ausfallschutz umzusetzen. Der Inhalt der Richtlinien ist allerdings nicht eine Liste von WAN-Adaptern, sondern *Mitglieder*.
Die Mitglieder enthalten die WAN-Schnittstellen und weisen ihnen eine Metrik und eine Gewichtung zu. Je niedriger die Metrik, desto eher wird der WAN-Adapter verwendet; je höher die Gewichtung, desto mehr Traffic kann diese Leitung vertragen.
Abbildung 6.2 zeigt die Arbeitsweise der Lastverteilung und den Zusammenhang von Regeln, Richtlinien, Mitgliedern und Schnittstellen.

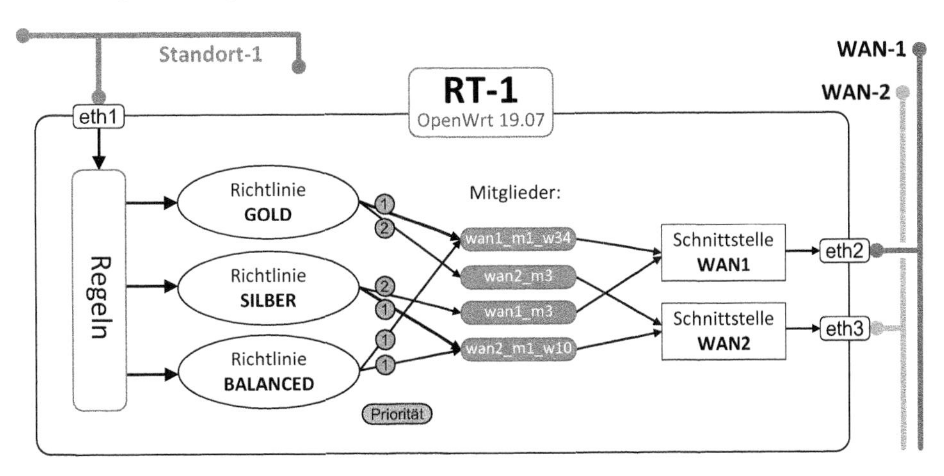

Abbildung 6.2: Die Arbeitsweise der Lastverteilung unter OpenWrt

Ein eingehendes IP-Paket von Standort-1 betritt den Router über den LAN-Adapter und trifft auf die MWAN-Regeln. Dort entscheidet das Regelwerk, welche Richtlinie für die neue IP-Verbindung zuständig ist. Die Richtlinie bestimmt ein oder mehrere Mitglieder für den Versand der durchlaufenden

IP-Pakete. Der oder die Mitglieder leiten die IP-Pakete entsprechend der Gewichtung an die WAN-Schnittstellen und damit an die physischen Adapter weiter.

> **Hinweis**
>
> Die Lastverteilung von OpenWrt ist „pro IP-Verbindung“. Eine einzelne Verbindung bleibt für die Dauer ihres Bestehens auf denselben ausgehenden WAN-Adapter beschränkt. Eine harmonische Auslastung beider WAN-Leitungen benötigt *viele* Verbindungen.

Installation

Die Lastverteilung steckt im Softwarepaket *mwan3*, welches sich in LuCI integriert und sogar in deutscher Sprache verfügbar ist. Die Installation verläuft über den Paketmanager:

```
opkg update
opkg install mwan3 luci-app-mwan3 luci-i18n-mwan3-de
```

Anschließend steht in LuCI unter dem Bereich *Netzwerk* die neue Rubrik *Lastverteilung* zur Verfügung.

Einrichtung

Vor der Ersteinrichtung müssen verschiedene Voraussetzungen erfüllt sein, damit die Lastverteilung zuverlässig arbeiten kann.

Voraussetzung

Das *mwan3*-Paket erwartet unterschiedliche Schnittstellen für IPv4 und IPv6. Wenn der OpenWrt-Router *beide* IP-Versionen auf die WAN-Adapter aufteilen soll, muss jede WAN-Schnittstelle *zwei* Einträge unter *Netzwerk* → *Schnittstellen* haben. Abbildung 6.3 zeigt die beiden Einträge jeweils für WAN-1 und WAN-2 auf dem Router RT-1.

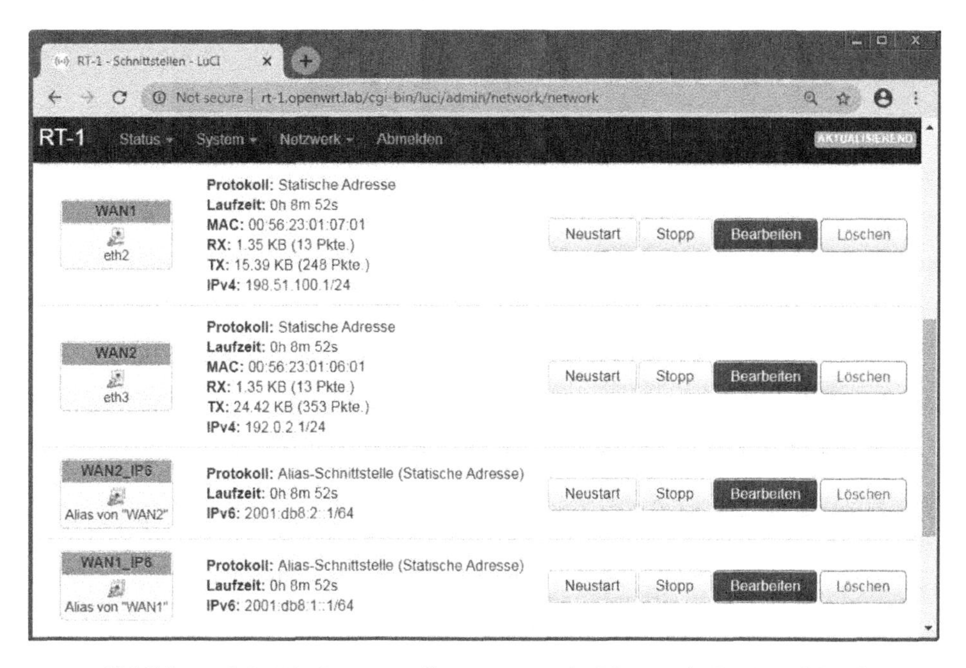

Abbildung 6.3: Die Lastverteilung unterscheidet nach IPv4 und IPv6

> **Hinweis**
>
> Die Schreibweise der Schnittstellen unterscheidet zwischen Groß- und Kleinschreibung. Da LuCI die Namen der Schnittstellen stets in Großbuchstaben anzeigt, empfiehlt sich generell die Verwendung von Großbuchstaben, um Fehler zu vermeiden.

Weiterhin muss jede WAN-Schnittstelle eine Default-Route und eine Metrik haben, die sich von den anderen Schnittstellen unterscheidet. Diese Anforderung wird dadurch erreicht, dass bei jeder Schnittstelle ein Gateway eingetragen ist. Der Wunsch nach einer Metrik lässt sich unter *Erweiterte Einstellungen* in der Zeile *Benutze Gateway-Metrik* erfüllen. Je kleiner die Metrik, desto bevorzugter ist das Gateway. Die verwendeten Namen, Adressen, Gateways und Metriken für den Laboraufbau stehen in Tabelle 6.1 auf der nächsten Seite.
Durch diese Voraussetzungen weiß *mwan3* später, welches Gateway hinter dem jeweiligen WAN-Adapter adressierbar ist.

Schnittstelle	IP-Adresse	Gateway	Metrik
WAN1	198.51.100.1	198.51.100.2	1
WAN1_IP6	2001:db8:1::1	2001:db8:1::2	2
WAN2	192.0.2.1	192.0.2.4	3
WAN2_IP6	2001:db8:2::1	2001:db8:2::4	4

Tabelle 6.1: Die Schnittstellen werden für *mwan3* vorbereitet

Einrichtung von mwan3

Die Konfiguration der Lastverteilung unter OpenWrt läuft genau andersrum ab, als in Abschnitt Arbeitsweise beschrieben. Die Einrichtung verläuft in LuCI bei *Netzwerk → Lastverteilung* in mehreren Schritten. Die vorgegebenen Einträge werden für dieses Kapitel nicht benötigt und können am Anfang jedes Schritts gelöscht werden.

1. *Schnittstellen*. Welches Interface soll zur Lastverteilung beitragen? Der Name der MWAN-Schnittstelle muss exakt genauso heißen, wie der entsprechende Eintrag bei *Netzwerk → Schnittstellen*. Für den einfachen Start in die Lastverteilung verwendet Abbildung 6.4 vorerst nur die IPv4-Adapter. Die Erkundung von IPv6 folgt in Abschnitt *IPv6* auf Seite 136.
   Eng verbunden mit der Schnittstelle ist die Prüfung, ob die Schnittstelle einsatzbereit ist. Im einfachsten Fall sendet OpenWrt regelmäßig ein Ping an eine IPv4-Adresse *hinter* der Internetleitung und hofft auf Antwort. Am Beispiel des Labornetzwerks fragt RT-1 die IPv4-Adresse von RT-2 und RT-4 im WAN-3 an. Tabelle 6.2 zeigt die verwendeten Einstellungen für den Laboraufbau.

Schnittstelle	WAN1	WAN2
Aktiviert	☑	☑
Ausgangszustand	Online	Online
Internet-Protokoll	IPv4	IPv4
Tracking-Hosts	203.0.113.2	203.0.113.4
Tracking-Methode	ping	ping

Tabelle 6.2: `mwan3` prüft regelmäßig die Erreichbarkeit der WAN-Leitungen

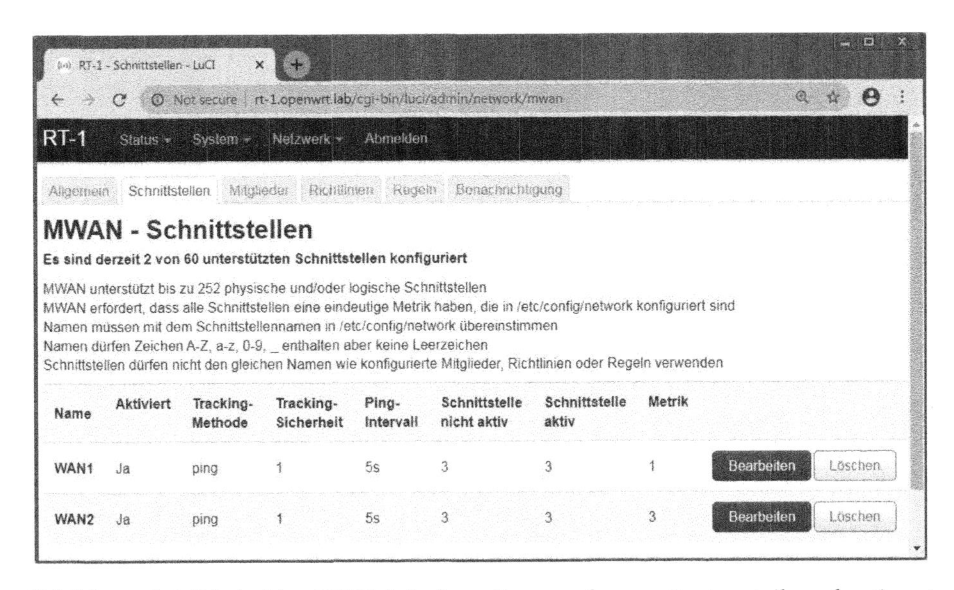

Abbildung 6.4: Die beiden WAN-Schnittstellen werden zur Lastverteilung bestimmt

> **Hinweis**
>
> Damit der Tracking-Host über die korrekte WAN-Leitung geprüft wird, empfiehlt sich eine zusätzliche statische Route für jede Tracking-Adresse (Abbildung 6.5).

RT-1 Status System Netzwerk Abmelden

Statische IPv4 Routen

Schnittstelle	Ziel	IPv4-Netzmaske	IPv4-Gateway	Metrik	Link-lokale Route			
	Host-IP oder Netzwerk	falls Ziel ein Netzwerk ist						
WAN1:	203.0.113.2	255.255.255.255	198.51.100.2	0	Nein	☰	Bearbeiten	Löschen
WAN2:	203.0.113.4	255.255.255.255	192.0.2.4	0	Nein	☰	Bearbeiten	Löschen

Abbildung 6.5: Der Tracking-Host soll nur über *eine* Leitung erreichbar sein

Weitere Hinweise zum *Tracking* liefert Abschnitt *Gesundheits-Check* auf Seite 134.

2. *Mitglieder*. Hier gruppieren sich die Schnittstellen zu Mitgliedern und erhalten eine Metrik und eine Gewichtung. Die Werte legen fest, wie viel Arbeitseifer von der Schnittstelle erwartet wird.
   Ein Mitglied enthält stets *eine* Schnittstelle und legt für dieses Mitglied die Metrik und die Gewichtung fest. Es ist möglich und sinnvoll, für einzelne Schnittstellen mehrere Mitglieder anzulegen – mit unterschiedlichen Metriken und/oder Gewichtungen. Für die faire Verteilung von WAN-1 (34 Mbit/s) und WAN-2 (10 Mbit/s) im Labornetz eignen sich ersten beiden Mitglieder aus Tabelle 6.3. Die weiteren Mitglieder befüllen die Richtlinien im folgenden Arbeitsschritt.

Name	Schnittstelle	Metrik	Gewichtung
wan1_m1_w34	WAN1	1	34
wan2_m1_w10	WAN2	1	10
wan1_m3	WAN1	3	
wan2_m3	WAN2	3	

Tabelle 6.3: Die Mitglieder erhalten Metrik und Gewichtung

3. *Richtlinien*. Die Richtlinien bestehen aus Mitgliedern und legen fest, *wie* die gerouteten Pakete über die Mitglieder aufgeteilt werden. Die Entscheidung dazu fällt *mwan3* über die Metrik und die Gewichtung.

   Hinweis

   Metrik: Je kleiner der Zahlenwert, desto bevorzugter ist die Schnittstelle. Gewichtung: Je höher der Zahlenwert, desto mehr Traffic erhält die Schnitstelle.

   Das Mitglied einer Richtlinie mit der niedrigsten Metrik wird bevorzugt und wird mit dem Versand der IP-Pakete beauftragt. Fällt das Mitglied aus, weil beispielsweise der Tracking-Host seiner Schnittstelle unerreichbar ist, verwendet die Richtlinie das Mitglied mit der nächst höheren Metrik. Es entsteht ein Ausfallschutz über alle konfigurierten Mitglieder.
   Haben die Mitglieder dieselbe Metrik, betrachtet die Richtlinie deren Gewichtung. Es werden jetzt *beide* Mitglieder aktiv verwendet. Über

die Gewichtung steuert *mwan3* den Arbeitsanteil jedes Mitglieds. Es entsteht eine Lastverteilung zwischen den hinterlegten Mitgliedern. Am Beispiel der Bandbreite von WAN-1 und WAN-2 erhält der Netzadapter *WAN1* ca. 77% der IP-Verbindungen (Gewichtung 34) und Interface *WAN2* erhält die verbleibenden 23% (Gewichtung 10). Abbildung 6.6 zeigt die passende Richtlinie *balanced*, die zwei Mitglieder derselben Metrik und verschiedenen Gewichtungen enthält.

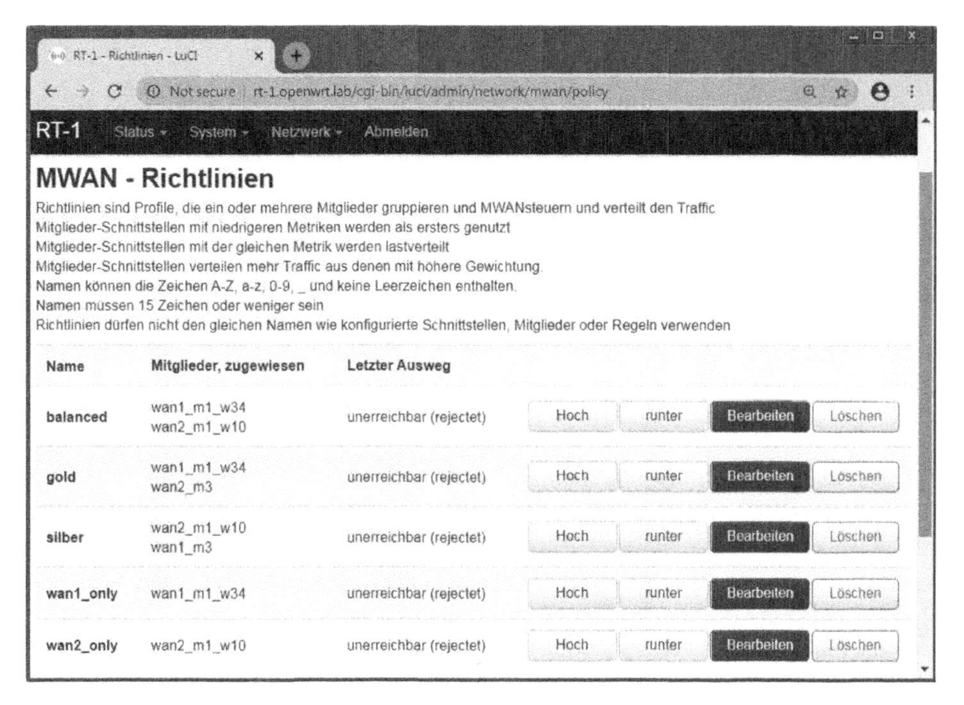

Abbildung 6.6: Die *mwan3*-Richtlinien entscheiden über ihre Mitglieder

Die Richtlinie *Gold* bevorzugt die stärkere WAN-Leitung (niedrige Metrik) und verwendet die andere WAN-Verbindung (höhere Metrik) nur im Fehlerfall von WAN-1. Diese Richtlinie eignet sich für Anwendungen, die eine hohe Bandbreite erwarten und unter dem Wechsel der WAN-Verbindung leiden.
Richtlinie *Silber* arbeitet andersrum. Sie schickt IP-Verbindungen absichtlich über das schmalere WAN-2-Netz (niedrige Metrik) und alternativ über das durchsatzstärkere WAN-1 (höhere Metrik). Diese

Richtlinie schont die Auslastung von WAN-1 und ist für unkritische Anwendungen, die mit wenig Bandbreite auskommen.
Die Richtlinien *wan1_only* und *wan2_only* verhalten sich exakt so, wie ihr Name es vermuten lässt: Sie verwenden ausschließlich die angegebene WAN-Schnittstelle. Im Fehlerfall schwenken sie *nicht* auf das jeweils andere WAN-Netz. Richtlinien dieser Art verhindern, dass bandbreitenhungrige Applikationen eine schwache Leitung völlig überfordern oder zusätzliche Kosten verursachen.

4. *Regeln*. Zuletzt muss *mwan3* wissen, *welcher* Datentransfer per Richtlinie behandelt werden soll. Eine *mwan3*-Regel ähnelt einer Firewallregel: Sie bestimmt Quelle und Ziel und weist den übereinstimmenden Paketen eine Richtlinie zu. Auch die Abarbeitung der hinterlegten Regeln funktioniert wie bei der Firewall: von oben nach unten. Leere Werte bei Adresse oder Port sind Joker und passen auf *alle* Verbindungen.
Abbildung 6.7 beschreibt ein Regelwerk für verschiedene Netze und Hosts des Labornetzwerks. Die ersten Regeln behandeln besondere Teilnehmer und die letzte Regel führt die restlichen Netzbereiche in den Genuss der Lastverteilung.

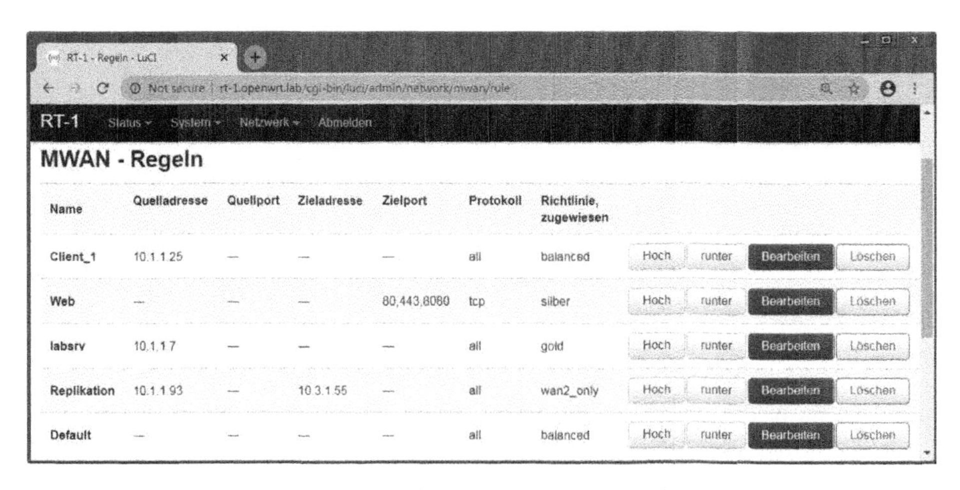

Abbildung 6.7: Das Regelwerk entscheidet, *wie* die Verbindungen aufgeteilt werden

Adressumsetzung

Die beiden WAN-Netze stellen das Internet dar und tolerieren, wie im echten Internet, keine privaten IPv4-Adressen. Der Router RT-1 muss zusätzlich zu seiner neuen Aufgabe als Lastverteiler die Absenderadresse der ausgehenden IPv4-Pakete noch durch eine öffentliche Adresse ersetzen (vgl. Kap. 2 aus Band 2). Damit sind die Pakete der internen Clients von Standort-1 auch im Labor-Internet routbar.
Für die Wahl der passenden öffentlichen IPv4-Adresse bedient sich OpenWrt der Adresse seines Interfaces, welches das Regelwerk der Lastverteilung (oder der Zufall) für den ausgehenden Traffic vorgesehen hat. Die Adressumsetzung erledigt die Firewallzone bei *Netzwerk* → *Firewall* durch die ausgewählte Option *NAT aktivieren* in der *wan*-Zone.
Die ISP-Router RT-2 und RT-4 sollten nun keine privaten IPv4-Adressen von Standort-1 mehr erhalten. Internet-typisch verwerfen die ISP-Router Pakete mit privaten Adressen:

```
uci add network route
uci set network.@route[-1].target='10.0.0.0'
uci set network.@route[-1].netmask='255.0.0.0'
uci set network.@route[-1].type='blackhole'
```

Szenario

Damit ist der Lastverteiler RT-1 minimal fertig eingerichtet. Der Webzugriff von einem Client aus Standort-1 auf eine Gegenstelle in Standort-3 wird durch den Lastverteiler manchmal über WAN-1 und manchmal über WAN-2 transferiert. Der Webserver auf RT-3 gibt Auskunft über die Entscheidung des Lastverteilers anhand der Quell-Adresse der Zugriffe.
Im Normalfall balanciert der Lastverteiler die Sessions im Verhältnis 34 zu 10 über seine Internet-Provider. Dieses Verhalten bewirkt die Anweisung der *Default*-Regel aus Abbildung 6.7 auf der vorherigen Seite. Abbildung 6.8 auf der nächsten Seite zeigt zwei Zugriffe von einem Client zum Webserver in Standort-3.
Der Laborserver erhält durch die gesonderte Regel *labsrv* die Richtlinie *Gold*, welche seine Zugriffe bevorzugt über WAN-1 sendet. Der `traceroute`-Befehl bestätigt, dass die Pakete WAN-1 und RT-2 (IPv4: 198.51.100.2) passieren.

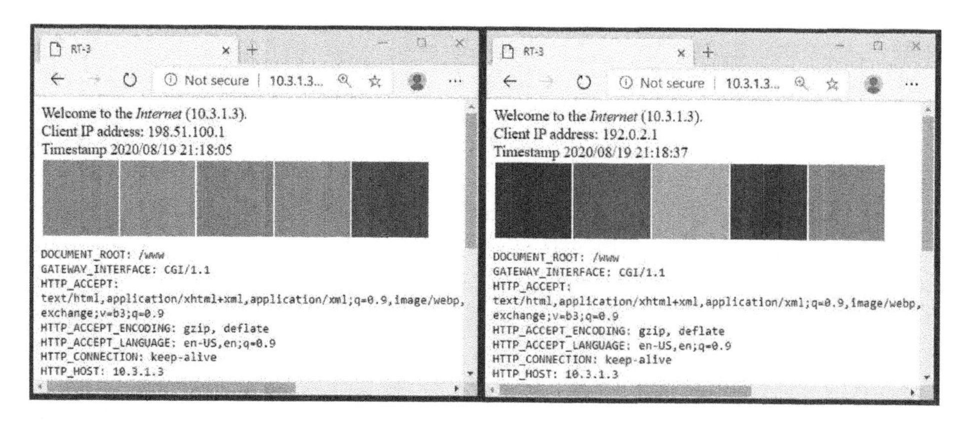

Abbildung 6.8: Zugriff auf denselben Server über verschiedene Leitungen

```
root@labsrv:~# traceroute -I 10.3.1.3
traceroute to 10.3.1.3 (10.3.1.3), 30 hops max, 60 byte packets
 1  rt1-eth1 (10.1.1.1)  0.332 ms  0.377 ms  0.308 ms
 2  rt2-eth3 (198.51.100.2)  0.609 ms  0.696 ms  0.670 ms
 3  rt3-eth2 (10.3.1.3)  0.989 ms  0.965 ms  0.908 ms
```

Ausfall

Es ist soweit: Die Internetleitung über RT-2 funktioniert nicht mehr und der Tracking-Check erkennt diesen Zustand, weil die Ping-Antworten ausbleiben. Der Ausfall lässt sich leicht simulieren, indem eine WAN-Schnittstelle vom RT-2 gestoppt wird.
Kurz darauf ändert sich der Schnittstellenstatus von Lastverteiler RT-1, denn das Gateway RT-2 steht nicht mehr zur Verfügung. Die Dauer des Failovers ist abhängig von den gewählten Werten bei Timeout und Intervall der MWAN-Schnittstelle.
Methoden für ein schnelleres Umschaltverhalten sind ab Seite 134 aufgeführt.
Ausgehende Verbindungen wechseln auf die alternative Leitung. Bestehende TCP-Verbindungen werden abbrechen, weil die ausgehenden Pakete mit einer anderen öffentlichen Quelladresse beim Zielsystem ankommen. Und wechselnde IP-Adressen mag das TCP-Protokoll gar nicht. Robuste Applikationen bauen unmittelbar eine neue Verbindung auf, sodass dem Anwender eine Fehlermeldung erspart bleibt.

Der Laborserver prüft erneut den Pfad durch das Netz und erkennt den Weg durch WAN-2 via RT-4 (IPv4: 192.0.2.4).

```
root@labsrv:~# traceroute -I 10.3.1.3
traceroute to 10.3.1.3 (10.3.1.3), 30 hops max, 60 byte packets
 1  rt1-eth1 (10.1.1.1)  0.466 ms  0.413 ms  0.381 ms
 2  rt4-eth3 (192.0.2.4)  0.948 ms  0.954 ms  0.928 ms
 3  rt3-eth2 (10.3.1.3)  1.851 ms  1.583 ms  2.076 ms
```

Monitoring

Der Ausfall einer einzelnen Leitung bleibt weitgehend unbemerkt, bis auch der zweite Internetlink gestört ist und das Web unerreichbar macht. Wichtig ist also, dass wenigstens der verantwortliche Administrator oder ein Monitoring-Team über den Zustand informiert werden und mit der Entstörung beginnen.
OpenWrt überwacht die Internetleitungen durch den `mwan3track`-Prozess und zeigt die Verfügbarkeit bei *Status → Lastverteilung → Schnittstellen.* Für die Alarmierung erwartet *mwan3* ein Skript, welches den Admin per E-Mail informiert oder ein SNMP-Trap auslöst.
Der Versand von Telegram-Nachrichten aus Kapitel 8 des ersten Bandes eignet sich auch zum Übermitteln von Statusänderungen bei der Lastverteilung. *Mwan3* erwartet den Inhalt des Skripts unter *Netzwerk → Lastverteilung → Benachrichtigung*. Über die Zustandsvariablen erkennt das Skript, ob eine Leitung defekt ist oder gerade entstört wurde. Das verwendete Skript ist über Anhang A erhältlich.
Sobald eine Leitung als fehlerhaft markiert wird, triggert OpenWrt eine Nachricht auf das Smartphone des Admins (Abbildung 6.9). Entstörungen werden ebenfalls berichtet, um eine Entwarnung zu signalisieren.

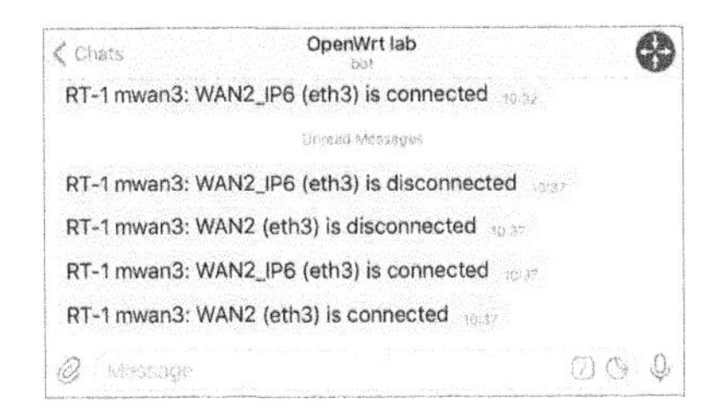

Abbildung 6.9: Telegram führt Buch über jede Zustandsänderung

Gesundheits-Check

Ob das auserwählte Interface tatsächlich funktioniert, prüft im eigenen Netz ein Routingprotokoll mit dem regelmäßigen Austausch von Paketen als Lebenszeichen (vgl. Kap. 2). Im Internet funktioniert das über das *Border Gateway Protocol* (BGP), welches für größere Umgebungen vorgesehen ist. Für bescheidene Umgebungen prüft der OpenWrt-Router mit eigenen Methoden seine Internetverbindungen auf Funktionalität.
In der Voreinstellung prüft RT-1 seine Uplinks per Ping und ermittelt daraus den Zustand der Internetverbindung. Vorteilhaft ist ein Tracking-Host, der sich *hinter* dem Internetgateway befindet. Die Monitoring-Adresse muss zuverlässig antworten, denn ausbleibende Antworten deaktivieren diese WAN-Schnittstelle. Ein hohes Maß an Zuverlässigkeit haben Googles DNS-Server erreicht, die auch noch leicht zu merkende Adressen haben: 8.8.8.8, 8.8.4.4, 2001:4860:4860::8888 und 2001:4860:4860::8844.

Die Häufigkeit der Pings und die Toleranz für erfolglose Prüfungen haben großen Einfluss auf die Dauer, bis eine defekte Leitung erkannt wird. Kleinere Werte erkennen eine ausgefallene Internetverbindung schneller, erhöhen jedoch die Grundlast der Leitung und führen zu Fehlalarmen.
Ob beide Internetleitungen gesund und nutzbar sind, zeigt die Ansicht unter *Status → Lastverteilung → Schnittstelle* und Abbildung 6.10.
Ping kennt noch mehr Tricks, als nur den Zustand der Leitung zu bewerten. Dafür hat *mwan3* feinere Checks im Angebot, die auch eine Verlustrate und die Laufzeit überwachen. Diese erweiterten Checks sind in den Eigenschaften der MWAN-Schnittstelle unter der Option *Linkqualität prüfen* sichtbar.

- *Paketverlust.* OpenWrt betrachtet die Schnittstelle als inaktiv, wenn der Paketverlust höher als der festgelegte *obere* Schwellenwert ist. Sobald die Verlustrate sinkt und den *unteren* Schwellenwert unterschreitet, ist die Schnittstelle wieder aktiv. Die Vorgaben sind 5% und 20%.

- *Paketlatenzzeit.* OpenWrt erkennt die defekte Schnittstelle, wenn die Latenz größer ist, als der *obere* Schwellenwert. Bessert sich die Situation und die Verzögerung fällt unter den *unteren* Schwellenwert,

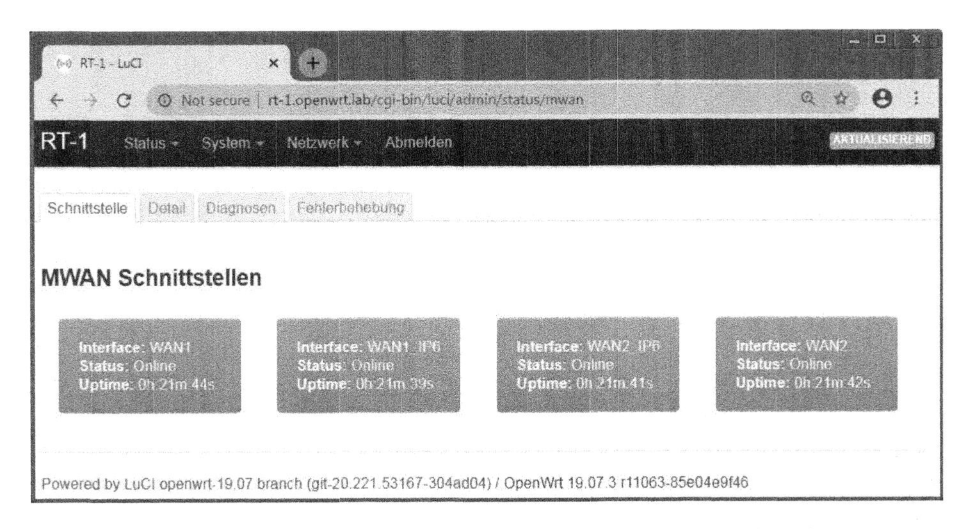

Abbildung 6.10: Alle überwachten Schnittstellen sind gesund und munter

darf die Schnittstelle wieder mitspielen. Die Vorgaben sind 500 ms und 1000 ms.

Neben dem einfachen `ping`-Kommando bietet *mwan3* weitere Tracking-Methoden an, um den Zustand eines WAN-Adapters festzustellen. Damit LuCI die zusätzlichen Methoden anzeigt, müssen die benötigten Befehle einmalig über den Paketmanager installiert werden.

```
opkg install iputils-arping httping nping
```

Anschließend stehen bei den MWAN-Schnittstellen zusätzliche Tracking-Methoden zur Auswahl, deren Vorzüge hier kurz erläutert werden:

- `arping` sendet eine ARP-Anfrage an die hinterlegte(n) IP-Adresse(n). Da ARP keine Router überwinden kann, eignet sich diese Tracking-Methode nur bei direkt benachbarten Geräten.

- `httping` stellt eine HTTP-Anfrage an einen Webserver und misst die Zugriffszeit.

- `nping-tcp`, `nping-udp`, `nping-icmp`, `nping-arp`. Der `nping`-Befehl kann seine Proben in die Protokolle TCP, UDP, ICMP und ARP verpacken. Bei einer Anfrage per TCP und UDP baut `nping` keine Applikationsverbindung auf, sondern prüft lediglich, ob der jeweilige Port geöffnet ist.

> **Hinweis**
> Die einzige Tracking-Methode, welche die Link*qualität* prüft, ist *Ping*.

IPv6

Die beschriebene Lastverteilung von IPv4-Paketen basiert auf Adressumsetzung (NAT). Die Notwendigkeit von NAT resultiert aus der Knappheit von IPv4-Adressen. Die IPv6-Welt hat ausreichend Adressen und benötigt kein NAT mehr.
Lastverteilung ist auch in IPv6-Netzen erwünscht, also hat sich NAT ebenso in die IPv6-Landschaft geschmuggelt.
Leider ist OpenWrt noch nicht bereit für die Präfix-Umsetzung *Network Prefix Translation* (NPTv6), die interne IPv6-Netze in externe IPv6-Netze übersetzt. Also muss erneut *Masquerading* aushelfen, was genau wie bei IPv4 funktioniert: Router RT-1 ändert Pakete von Clients aus seinem lokalen Netz fd00:1::/64 mittels NATv6 in die IPv6-Adresse seiner WAN-Schnittstelle (vgl. Kap. 2 in Band 2).

Die Konfiguration von *mwan3* unterscheidet bei vielen Objekten zwischen IPv4 und IPv6. Für jede IP-Version muss eine separate Schnittstelle existieren, so wie es Abbildung 6.3 auf Seite 125 darstellt. Weiterhin müssen die MWAN-Schnittstellen ebenfalls zweifach vorhanden sein. Tabelle 6.1 auf Seite 126 enthält bereits die Konfiguration für Router RT-1.
Als Folge davon müssen auch die MWAN-Mitglieder doppelt angelegt werden; jeweils ein Eintrag für IPv4 und einer für IPv6.
Erst die MWAN-Richtlinien haben die Chance Mitglieder *beider* IP-Versionen zu gruppieren. Die beispielhafte Richtlinie *Gold* enthält Mitglieder von WAN1 und WAN2, jeweils für beide Internet-Protokolle (Abbildung 6.11).
Die MWAN-Regeln behandeln IPv4-Adressen, IPv6-Adressen oder beides. Auf was die Regel wirkt, ist abhängig von ihrem Inhalt. Eine Regel, die nur aus einer Portnummer besteht, gilt grundsätzlich für beide IP-Versionen. Enthält die Regel eine IPv4-Adresse, betrifft sie offensichtlich nur IPv4-Pakete.

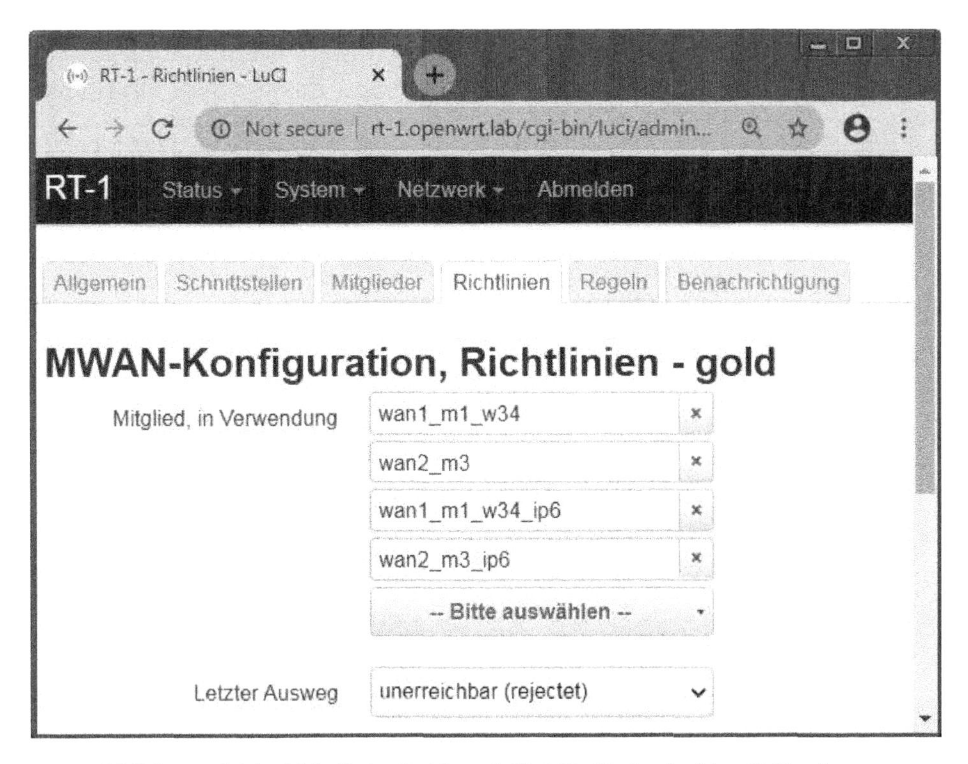

Abbildung 6.11: Richtlinie *Gold* enthält Mitglieder beider IP-Versionen

Bei uneindeutigen Regeln kann das *Protokoll*-Feld in den Regeldetails entscheiden, ob die Regel für IPv4 (Protokoll `ip`) oder für IPv6 (Protokoll `ipv6`) gelten soll.

Kommandozeile

Die Lastverteilung lässt sich vollständig auf der Kommandozeile einrichten und prüfen. Der Konfigurationsbereich für `uci` heißt treffenderweise *mwan3*. Damit entstehen Objekte vom Typ `interface` (Schnittstelle), `member` (Mitglied), `policy` (Richtlinie) und `rule` (Regel).
Der Befehl `uci show mwan3` präsentiert die fertig eingerichtete Lastverteilung. Für die Erfolgskontrolle haben die Entwickler das separate Kommando `mwan3` angefertigt. Mit diesem Befehl lassen sich die konfigurierten Richtlini-

en und Interfaces anzeigen und den Gesamtstatus ermitteln. Listing 6.1 auf Seite 142 zeigt die gekürzte Ausgabe von `mwan3 status` auf dem Router RT-1.
Den Gesundheitszustand der WAN-Adapter prüft der Dienst `mwan3track`, ohne dass der Administrator dies explizit konfigurieren muss. Sobald das `mwan3track`-Tool eine Veränderung in der WAN-Umgebung feststellt, schreibt es den neuen Status in Dateiform nach `/var/run/mwan3track/`. Das Skript zur Benachrichtigung bei Zustandsänderungen aus Abschnitt *Monitoring* liegt im Dateisystem als `/etc/mwan3.user`.

Fehlersuche

Die Lastverteilung mit OpenWrt führt `iptables`, mehrere Routingtabellen, Interface-Tracking und Hotplug-Events zusammen. Im Erfolgsfall entsteht eine ausgewogene Verteilung – für den Fehlerfall stehen aussagestarke Befehle und die folgende Vorgehensweise zur Verfügung.

1. Schnittstellen. Sind die WAN-Netzadapter unter *Netzwerk → Schnittstellen* verbunden, haben eine IP-Adresse, ein Gateway und eine Metrik (Abbildung 6.3 auf Seite 125)?

2. MWAN-Schnittstellen. Hat der Trackingdienst die Schnittstellen überprüft und zeigt sie bei *Status → Lastverteilung → Schnittstellen* als verfügbar an? Wenn eine Schnittstelle in Rot angezeigt wird, kann der Tracker die hinterlegte IP-Adresse der MWAN-Schnittstelle nicht erreichen.
   Ob das Standard-Gateway oder die Tracking-Adresse erreichbar sind, lässt sich per LuCI unter *Status → Lastverteilung → Diagnosen* nachprüfen (Abbildung 6.12).
   Andersherum kann eine Schnittstelle als „erreichbar“ gelten, obwohl sie eindeutig defekt ist. Dann hat der Tracking-Dienst die Tracking-Adresse über eine *andere* Schnittstelle erreicht, was nicht passieren sollte. Hier muss eine einzelne statische Route den Tracker dazu zwingen, die richtige Schnittstelle für seine Checks zu verwenden (siehe Seite 127).

3. Richtlinien. Hat *mwan3* die konfigurierten Richtlinien verstanden und den richtigen WAN-Adaptern zugewiesen? Die Sichtweise von

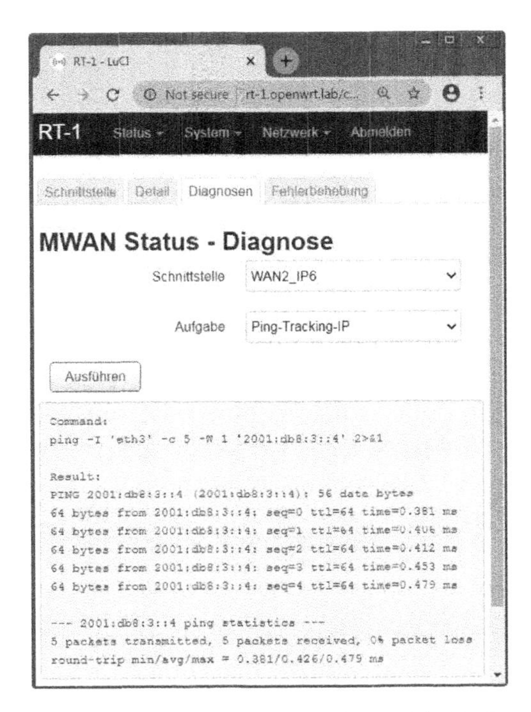

Abbildung 6.12: Die MWAN-Diagnose überprüft die Erreichbarkeit

mwan3 auf die Konfiguration zeigt LuCI bei *Status* → *Lastverteilung* → *Details* oder per UCI-Befehl `mwan3 policies`. Hinter jeder konfigurierten Richtlinie sollten die gewünschten WAN-Adapter mit der richtigen IP-Version stehen.

4. Regeln. Hat *mwan3* die erstellten Regeln korrekt in Anweisungen für den Paketfilter `iptables` übersetzt? Der UCI-Befehl `mwan3 rules` zeigt die aktiven Regeln – unterteilt nach IPv4 und IPv6. Die Zahlen der ersten beiden Spalten zeigen die Menge der Pakete und Bytes von IP-Verbindungen, die durch diese Regel „geflossen“ sind (Listing 6.1 auf Seite 142).

Wenn alles stimmig scheint und dennoch keine Daten durch den Router fließen, ist ein genauer Blick in die Ketten von `iptables` und in die Routingtabellen hilfreich. Der folgende Abschnitt verdeutlicht deren Zusammenhang.

Technischer Hintergrund

Der Linux-Kernel und Netfilter haben vielfältige Möglichkeiten, um ein IP-Paket während der Abarbeitung zu manipulieren. Mit den Kommandos `iptables` und `ip` lassen sich die eingerichteten Methoden anzeigen und sogar verändern.
In der Kette `PREROUTING` der `mangle`-Tabelle erkennt `iptables` Pakete, die lastverteilt werden sollen und setzt eine Markierung für das Paket. Die Markierung ist ein Hinweis darauf, welche Internetleitung später benutzt werden soll.
Wenn das Paket beim Routing angekommen ist, wird die Markierung ausgewertet. Pakete ohne Markierung benutzen die normale Routingtabelle. Pakete *mit* Markierung verwenden die spezielle Routingtabelle, die in der Markierung angegeben ist.

```
1  root@RT-1:~# ip rule
2  0:       from all lookup local
3  1001:    from all iif eth2 lookup 1
4  1002:    from all iif eth3 lookup 2
5  2001:    from all fwmark 0x100/0x3f00 lookup 1
6  2002:    from all fwmark 0x200/0x3f00 lookup 2
7  2061:    from all fwmark 0x3d00/0x3f00 blackhole
8  2062:    from all fwmark 0x3e00/0x3f00 unreachable
9  32766:   from all lookup main
10 32767:   from all lookup default
11
12 root@RT-1:~# ip route show table 1 default
13 default via 198.51.100.2 dev eth2 metric 1
14
15 root@RT-1:~# ip route show table 2 default
16 default via 192.0.2.4 dev eth3 metric 3
```

Ein IP-Paket für das WAN-1-Interface markiert `iptables` mit dem Schriftzug `0x100/0x3f00`. Die Regel in Zeile 5 instruiert den Kernel, das IP-Paket durch Routingtabelle 1 zu schleusen. Und diese Routingtabelle schickt alle Pakete über WAN-1 weiter (Zeile 13).
Durch die unterschiedliche Default-Route in den verschiedenen Tabellen biegt das Paket zum jeweiligen ISP ab. Auf diese Weise steuert OpenWrt mit *mwan3* die Verteilung von IP-Verbindungen über mehrere Internetleitungen.

Zusammenfassung

OpenWrt ist rundum bereit für mehrere Internetleitungen, um den Bandbreitenhunger der Applikationen über diese Zugänge zu stillen. Dabei kann das Regelwerk sehr granular steuern, welcher Traffic über welchen ISP zum Internet gelangt. Und falls ein Internetzugang mal gestört ist, melden sich die Gesundheits-Checks und OpenWrt nutzt innerhalb von Sekunden eine andere Leitung.

```
root@RT-1:~# mwan3 status
Interface status:
 interface WAN1 is online 00h:08m:32s, \
    uptime 00h:18m:25s and tracking is active
 interface WAN2 is online 00h:08m:30s, \
    uptime 00h:18m:25s and tracking is active
 interface WAN2_IP6 is online 00h:08m:29s, \
    uptime 00h:18m:25s and tracking is active
 interface WAN1_IP6 is online 00h:08m:27s, \
    uptime 00h:18m:25s and tracking is active

Current ipv4 policies:
balanced:
 WAN2 (22%)
 WAN1 (77%)
gold:
 WAN1 (100%)
silber:
 WAN2 (100%)
wan1_only:
 WAN1 (100%)
wan2_only:
 WAN2 (100%)

[...]

Directly connected ipv4 networks:
203.0.113.4
192.0.2.0/24
224.0.0.0/3
192.168.0.0/16
198.51.100.0/24
10.1.1.0/24
10.5.1.0/24
127.0.0.0/8
203.0.113.2

[...]

Active ipv4 user rules:
   26  1560 - gold        all  --  *   *   10.1.1.7      0.0.0.0/0
    2   120 - wan2_only   all  --  *   *   10.1.1.93     10.3.1.55
    6   312 - silber      tcp  --  *   *   0.0.0.0/0     0.0.0.0/0 \
                                     multiport dports 80,443,8080
  104  6192 - balanced    all  --  *   *   0.0.0.0/0     0.0.0.0/0

Active ipv6 user rules:
   13   780 - silber      tcp      *   *     ::/0           ::/0 \
                                     multiport dports 80,443,8080
   39  2292 - balanced    all      *    *    ::/0           ::/0
```

Listing 6.1: OpenWrt informiert über den Status der Lastverteiltung

Literaturverzeichnis

[1] AT&T Labs Research: *Graphviz – Graph Visualization Software*. 2016. https://graphviz.org/

[2] Kunihiro Ishiguro: *Quagga Routing Software Suite*. 2018. https://www.nongnu.org/quagga/

[3] Alexandre Cassen: *Keepalived for Linux*. 2020. http://www.keepalived.org/

[4] OpenWISP-Team: *OpenWISP: Open Source Network Management System*. 2020. http://openwisp.org/

[5] Federico Capoano, et al.: *NetJSON: data interchange format for networks*. 2020. http://netjson.org/

[6] AdGuard Software Limited: *AdGuard Home*. 2020. https://github.com/AdguardTeam/AdGuardHome

[7] Pi-hole LLC: *Pi-hole – Network-wide Ad Blocking*. 2020. https://pi-hole.net/

Stichwortverzeichnis

802.11s, 13, 20

Absorption, 32
Accesspoint, 13, 21
Adblock, 107
AdGuard Home, 110
Administrator, 97
Adresse, virtuell, 62
AES, 55
Alarm, 134
Ankündigung, 24
Ansible, 85
API, 99
Area, 37, **50**
Area Border Router, 37
arping, 135
ASBR, 37
asymmetrisch, 16, 42
Ausfallschutz, 32, 42, 44, 61, 120
Ausnahme, 113
Authentication Header, 80
Authentifizierung, 46, 58, 79
Auto-registration, 88
Automatisierung, 85

B.A.T.M.A.N., 18
Babel, 16
Backbone-Area, *siehe* Area
Backup, 65, 94
Bandbreite, 42, 51
`batctl`, 28, 29
BATMAN, 101
Batman-adv, 18, 28
Benachrichtigung, 82
Benutzer, 97
Berechtigung, 97
Blockieren, 105
Brücke, 21
Brechung, 32
Bugtracker, 96

Cache, 72
Celery, 100
CentOS, 85
Check, 134
Cisco, 57, 59
cjdns, 16
Cluster, 61
Connection-Tracking, 70
cron, 113
`curl`, 96

Daphne, 101
Dashboard, 110
Datenbank, 94, 99
Datensicherung, 94
Dead-Intervall, 47
Debian, 85

Debug-Modus, 57
Default-Gateway, 62, 81, 121, 138
Default-Route, 25, 50
DHCP, 106
Diagramm, 10
Django, 99
DNS, 105, 110
DNS über TLS, 115
DNS-Report, 108
dnsmasq, 107
Domäne, 106
DOT-Format, 27
Durchsatz, 19
Dynamisches Routing, 35

E-Mail, 82, 107, 133
Empfänger, 19
Equal Cost Multi-Path, 48
Errata, 151
Ethernet, 18, 31
ETX, 25
expect, 76

Failover, 67, 72, 75, 132
Fehlercode, 81
Fehlersuche
    Multi-WAN, 138
    OpenWISP, 95
    OSPF, 56
Filter, 57, 105, 110
Firewall, 68, 121
Fragmentierung, 29
Framework, 99
Full, 42
Funknetz, 13

Gateway, 14, 120, 125
Gewichtung, 123, 129
GitHub, 101, 151
Google, 134
Graph, 101
Graphviz, 27
Gruppe, 97

Header, 18, 29
Health-Check, 134
Heartbeat, 62
Hello-Intervall, 47
Hello-Paket, 41
HNA, 24
Hochverfügbarkeit, 61
Hotplug, 138
httping, 135
HWMP, 17, 20, 22
Hybrid, 17

IEEE 802.11s, 13
Instanz, 64
Internet, 14, 131
IOS, 57, 59
`ip`, 140
IP-Adresse, 102
IPAM, 102
IPsec, 54, 80
iptables, 138, 140
IPv6, 52, 80, 136
ISP, 121
`iw`, 15, 22

Journal, 96
JSON, 25, 26, 92

Kabel, 13
Kanal, 15
Keepalive, 62
Keepalived, 63, 83

Kernel, 19, 55, 140
Klartext, 80
Kommandozeile, 137
Konfiguration, 151
konvergent, 44
Kopfzeile, 18
Korrekturverzeichnis, 151
Kosten, 46
Kunde, 99

Labor, 10, 151
Lastverteilung, 48, 77, **119**
    ausgehend, 121
Latenz, 134
Lebenszeichen, 41, 61
Leistung, 115
Link-State, 17, 57
Linux, 59
Linux-Kernel, 19
Liste, 105, 113
Log, 58, 95, 110
Loss, 18
LUA, 101

MAC-Adresse, 30
Management, 85
Mandant, 99
Markierung, 140
Master, 65, 77
MD5, 59
Mesh, 13
Mesh-ID, 15
Mesh-Point, 13
Metrik, 17, 32, 45, 51, 57, 125, 128
Millisekunde, 76
Mitarbeiter, 97
Modul, 19, 101
Monitoring, 101, 133
MTU, 29, 56
Multi-WAN, 119
Multicast, 55, 56, 62, 71
MWAN, 123
mwan3, 124

Nachbar, 22, 41, 57
Namensauflösung, 116
Nameservice, 26
NAT, 68, 131
netfilter, 83
NetFlow, 92
NetJSON, 92, 102
Netzadapter, 12
Netzbrücke, 21, 28
Nginx, 99
nping, 135
NPTv6, 136
NTP, 90
NXDOMAIN, 107, 116

OLSR, 17, 23, 101
`olsrd`, 24
OpenSSL, 20
OpenWISP, 85
Organisation, 98
OSI-Ebene 2, 18, 29
OSI-Ebene 3, 23
OSPF, 16, 35
OSPFv3, 52

Paketverlust, 18, 134
Passwort, 80, 86
Pfad, 15, 17, 30, 42
Pi-hole, 115
Ping, 134
Playbook, 85

Plug-in, 25, 101
Portal, 14
Präfix, 54, 136
Preview, 88, 93
Priorität, 77
proaktiv, 16
Protokoll, 61, 137
Prozess, 36
PSK, 87
Pull, 95, 101
Python, 99

Quagga, 39, 59
Qualität, 16, 25, 32

Rückgabecode, 81
reaktiv, 16
Redis, 100
Referenzbandbreite, 51
Reflexion, 32
Regel, 121, 130, 139
Repository, 23
Restore, 94
RFC2328, 59
RFC3626, 17, 32
RFC3768, 61
Richtlinie, 121, 128, 138
Route
  Backup, 42
  statisch, 127
  Summary, 37
Router, 18
  Backup, 62
  ID, 39, 53
Routing
  -protokoll, 16, 134
  -tabelle, 16, 24, 30, 41, 43, 57
  asymmetrisch, 74
  dynamisch, 35

SAE, 20
Schlüssel, 55, 87
Schleife, 30
Schnittstelle, 126
Schwellenwert, 134
Sender, 18
`setkey`, 56
SHA, 59
Shell, 101
Sicherheit, 79
  OSPF, 46
  OSPFv3, 54
Sicherung, 94
Signal, 32
Signal-Rausch-Abstand, 25
Signalstärke, 16
Simple AdBlock, 107, 109
Skalierbarkeit, 18, 19, 36
Skalierung, 50, 119
Skript, 72, 81, 85, 101, 122, 133, 138
SNMP, 133
SNR, 25
Sperrliste, 113
SQLite, 94, 99
SSH, 86
Statistik, 110
Status, 88, 97, 132, 138
Streuung, 32
Stub-Area, 50
Summary, 51
Switch, 119
Synchronisationsgruppe, 75
Synchronisierung, 70

Syslog, 58
`systemctl`, 96

Tabelle, 70, 140
Telegram, 82, 133
Template, 89, 100
Timeout, 32, 41, 44, 47
Timer, 58
TLS, 96, 115
Topologie, 27, 101
Tracking, 81, 127, 138
Trap, 133
Tuning, 47
Tunnel, 18, 29

UCI, 137
unbound, 107
Update, 94, 95, 113
uWSGI, 99

Verlust, 18
Verschlüsselung, 16, 20, 54, 108
Version, 10, 18, 36, 76, 95, 136
Vertrauensstellung, 87
Visualisierung, 27, 101
Vorlage, 89
VPN, 54
VRRP, **61**, 120
`vtysh`, 39

Wahl, 77
WAN, 119
Watchdog, 27
WebSocket, 101
Werbung, 105
WiFi, 13
WISP, *siehe* OpenWISP
Wizard, 110
WLAN, 13
WPA3, 20

Zebra, 59
Zeitplaner, 113
Zeitzone, 88
Zertifikat, 87, 96
Zusammenfassung, 51
Zustandstabelle, 70

Anhang A

Zusatzmaterial

Die abgedruckten Beispiele in den vorherigen Kapiteln enthalten stets nur einen Ausschnitt, der zum jeweiligen Thema passt. Die vollständige Konfiguration aller Geräte ist online verfügbar unter:
`https://der-openwrt-praktiker.github.io`
`https://github.com/der-openwrt-praktiker`

Dort befindet sich zusätzliches Material, das den Umfang des Buchs gesprengt hätte.

- Konfiguration der Router aus den verschiedenen Kapiteln,
- Netzdiagramm der vollständigen Laborumgebung,
- Errata (Korrekturverzeichnis),
- Alle Skripte, die in den Kapiteln teilweise gekürzt abgedruckt sind oder nur erwähnt werden.